Ganzheitlich gesund

Yoka Brouwer

GESUND MIT NLP

—

Yoka Brouwer

Gesund mit NLP

AURUM VERLAG · BRAUNSCHWEIG

Das niederländische Original erschien unter dem Titel „NLP en gezondheid" im Verlag Ankh-Hermes bv, Deventer.

Ins Deutsche übersetzt von Aljoscha A. Schwarz und Ronald P. Schweppe.
Titelfoto: "Woman relaxing by Side of Pool" von David de Lossy / THE IMAGE BANK

Die Deutsche Bibliothek – CIP-Einheitsaufnahme

Brouwer, Yoka:
Gesund mit NLP / Yoka Brouwer. [Ins Dt. übers. von Aljoscha A. Schwarz und Ronald P. Schweppe]. – Braunschweig: Aurum-Verl., 1998
(Ganzheitlich gesund)
Einheitssacht.: NLP en gezondheid <dt.>
ISBN 3-591-08420-4

1998
ISBN 3-591-0820-4
© 1996 Uitgeverij Ankh-Hermes bv, Deventer
© der deutschen Ausgabe Aurum Verlag GmbH, Braunschweig
Gesamtherstellung: Westermann Druck Zwickau GmbH

INHALT

Dick gewidmet, der Mut und Weitsicht hatte. Er war durch sein Leben ein Vorbild und wird durch das, was er hinterlassen hat, ein „Bote" der zukünftigen Welt sein. Von ihm habe ich wichtige Dinge über Krankheit und Tod gelernt. Danke, Bote.

Die Arbeit von Robert Dilts, Suzi Smith und Tim Halbomm bildet die Basis für das, wovon wir in diesem Buch sprechen. Robert, Suzi und Tim haben Untersuchungen durchgeführt, Informationen gesammelt und die meisten Übungen zusammengestellt.

Nach Rücksprache mit Tim und Suzi und in Zusammenarbeit mit dem Institut für Ekklektische Psychologie (Instituut voor Eclectische Psychologie) in Nijmegen, Niederlande, leitet Yoka Brouwer in den Niederlanden Workshops zum Thema NLP und Gesundheit. Diese Workshops sowie Yokas zwanzigjährige Erfahrung im Gesundheitsbereich sind die Quelle für die meisten Informationen in diesem Buch. Ohne die Hilfe von Stip ter Laans, Redakteurin der Zeitschrift *Tijdschrift voor Educatieve en Therapeutische Hypnose (TETH)*, wäre dieses Buch nicht zustande gekommen.

EINLEITUNG

Ein angenehmes und schönes Leben
Ist durch Äußerlichkeiten nicht zu erreichen.
Nur aus dem eigenen inneren Brunnen
    schöpft der Mensch,
Wie aus einer Quelle, alle Lebenslust
    und Lebensfreude.

(frei nach Plutarch)

In diesem Buch werden verschiedene Techniken vorgestellt, die zum Gesundheitsbewusstsein eines jeden Menschen beitragen können. Neben Ideen und Erklärungen bietet es auch Übungen, die entweder allein oder mit einem Partner durchgeführt werden können.

Es gibt Übungen, in denen Sie lernen werden, Ihre Energie zu beherrschen und mit ihr umzugehen, und Übungen, die Ihnen deutlich machen, wie Ihre Überzeugungen Ihr Verhalten und Ihr Wohlbefinden beeinflussen können. Die Einsichten, die Sie dadurch erlangen, werden es Ihnen nicht nur ermöglichen, Ihre Blockaden aufzuspüren, sie werden auch Ihre innere Gesundheitsquelle anzapfen und Ihnen helfen, Ihre verborgenen Fähigkeiten zu erkennen.

Heutzutage gibt es viele verschiedene Systeme, in denen untersucht wird, welche Rolle der Mensch in seinem eigenen Heilungsprozess spielt. NLP ist eines dieser Systeme. NLP ist die Abkürzung für Neurolinguistisches Programmieren.

Der Begriff „Neuro" weist auf neurologische Prozesse hin (beispielsweise sinnliche Reize), deren Endprodukt unser Verhalten ist. „Lingustisch" verweist auf unser Sprachvermögen, das wir gebrauchen, um diese Prozesse zu ordnen und geordnet in Worte zu fassen. „Programmieren" steht für die Idee, dass wir unsere Kommunikationssysteme so programmieren (organisieren) können, dass wir die Ziele, die wir uns gesetzt haben, erreichen. Kommunikationssysteme sind die Mittel, mit Hilfe derer wir miteinander kommunizieren. Wir kommunizieren nicht nur durch Sprache (verbal), sondern auch durch Zuhören (nonverbal). Auch aus der Körpersprache (Haltung und Gesichtsausdruck) können wir ablesen, was in dem anderen vorgeht. Man denke nur an Redensarten wie „sein Gesicht spricht Bände" oder „er ist wie ein offenes Buch".

Wir kommunizieren aber nicht nur mit anderen, sondern auch mit uns selbst, auch wenn uns das nicht immer bewusst ist.

Wie wir denken, wird durch unsere Lebensweise veranschaulicht. Eine der Grundannahmen im NLP ist, dass unsere (gesprochene) Sprache, die wir – meistens ziemlich schlampig – verwenden, um unsere Gedanken auszudrücken, Aufschluss über das gibt, was in uns vorgeht. Häufig sagen wir Dinge, die wir eigentlich gar nicht meinen. Zum Beispiel sagte eine meiner Klientinnen: „Niemand kümmert sich um mich!" Ihre erste Reaktion auf die Bitte, dies etwas näher auszuführen, war, dass sie es eigentlich nicht so gemeint habe. Sie dachte kurz nach, und es stellte sich heraus, dass sie dieses Gefühl recht deutlich wiedererkannte, und sie merkte plötzlich, dass es sogar ihr Verhalten gegenüber einigen Menschen bestimmte (und erklärte). Wenn wir über solche Dinge genauer nachdenken würden, könnten uns bestimmte Zusammenhänge oft sehr viel deutlicher werden.

Damit wir uns so gesund wie möglich denken können, müssen wir so viel wie möglich über uns selbst in Erfahrung bringen. Verhalten entsteht immer aus Gedanken. Dadurch, dass wir unsere Verhaltensweisen unter die Lupe nehmen, können wir Einsicht in die Funktionsweise unserer Gedanken erlangen. Wir bekommen ein deutlicheres Bild davon, was unser Denken und Verhalten beeinflusst. Mit unser Sprache übernehmen wir Verantwortung für unser Denken, für unser Verhalten und für den Einfluss, den wir dadurch auf andere haben. Durch einen bewussten Gebrauch der Sprache – und das beginnt mit bewusstem Leben und Denken – können wir die Qualität unseres Daseins verbessern. Wenn wir unsere Worte sorgfältiger auswählen, wird uns klarer werden, was in uns vorgeht.

Richard Bandler und John Grinder, die beiden Begründer des NLP, machten es sich in den siebziger Jahren zur Aufgabe, die Sprechweise einiger bekannter Therapeuten genau zu untersuchen – mit dem Ziel, ihre Wortwahl, ihren Satzbau, ihre Intonation und die verschiedenen Sprachebenen, auf denen sie sich bewegten, zu klassifizieren.

Bandler und Grinder waren vor allem daran interessiert, welche Einzelheiten den Erfolg von Therapeuten wie Milton Erickson, Fritz Pearls und Virginia Satir, die in den USA für ihre bemerkenswerten Forschungsergebnisse bekannt geworden waren, ausmachten. Außerdem waren sie davon überzeugt, dass andere Menschen, die dieselben Einzelheiten auf dieselbe Art und Weise lernen würden, dieselben Resultate würden erzielen können.

Erfolgreiche Menschen sind Vorbilder für das, was möglich ist. Hieraus entstand eine der ersten Grundideen des NLP: Wenn ein Mensch imstande ist, etwas Bestimmtes zu tun, so ist das auch jeder andere Mensch, wenn er nur will. Wenn ich diese Meinung in einem Workshop zum Ausdruck bringe, gibt es meistens jemanden, der fragt: „Bedeutet das, dass ich auch ...?"

Das Studieren von Vorbildfiguren, das Erkennen, was sie einzigartig macht, und das anschließende Nachahmen bezeichnet man im NLP als „Modellieren". Bei den Vorbildern kann es sich um Menschen handeln, die man für talentiert hält, um Menschen, die Außergewöhnliches leisten, zum Beispiel Sportler, Musiker, Künstler oder Wissenschaftler.

Der Prozess des Modellierens geht mit einer natürlichen Selektion in unserem Innern einher. Aber nicht umsonst heißt es weiter oben: „... wenn er nur will". Wir wollen ja schließlich nur etwas, das auch zu uns passt. Wenn wir etwas wollen, stellt sich allerdings auch die Frage, ob wir bereit sind, dieselbe Menge an Zeit, Energie und Disziplin zu investieren, wie unser Vorbild, der Künstler, Musiker oder Wissenschaftler.

Aber wenn Sie das wollen und es mit derselben Liebe und Energie tun, garantiere ich Ihnen, dass Sie dasselbe erreichen können, wie Ihr bewundertes Vorbild.

In diesem Buch wurde so weit wie möglich auf die Verwendung von Fachbegriffen aus dem NLP verzichtet. Die dennoch auftauchenden Begriffe sind in einem Glossar ab Seite 175 erklärt. Weiterführende Literatur zum Thema NLP finden Sie in der Literaturliste ab Seite 180.

1. GESUNDHEIT

Wie ich schon in der Einleitung angedeutet habe, gibt es heutzutage verschiedene therapeutische Ansätze, die davon ausgehen, dass jeder Mensch – mit Hilfe bestimmter Einsichten, Übungen, Meditationen und Visualisierungen – in der Lage ist, seine Gesundheit positiv zu beeinflussen.

Auch im NLP ist man dieser Meinung, und zwar basierend auf Untersuchungen darüber, auf welche Weise (Denk-) Prozesse im Geist und im Körper gesunder Menschen ablaufen, und auf der Vorstellung, dass jeder auf seine Weise die Gedanken entwickeln kann, die nötig sind, um so gesund wie möglich zu leben.

Sicherlich werden einige Menschen dies für unglaublich oder sogar unmöglich halten. Der Gedanke, dass etwas nicht möglich ist, verschließt uns jedoch die Tür zu neuen Möglichkeiten. Sind wir hingegen offen für neue Ideen und bereit, so viele Informationen wie möglich zu sammeln und zu prüfen, so geben wir uns eine Chance, neue Wege einzuschlagen und unsere Welt zu vergrößern.

Die meisten Menschen sind neugierig auf alles, was interessant und nützlich sein könnte. Wir bekommen neue Informationen, untersuchen sie und behalten das, was uns sinnvoll erscheint. Neugierde fördert noch mehr Neugierde. Ein Schritt führt zum nächsten.

Wenn Sie an Ihrer Gesundheit arbeiten wollen, sollten Sie den Gedanken „Ich bin gespannt darauf, wie ...“ im Kopf behalten. Denn selbst, wenn wir das Ziel deutlich vor Augen haben, können wir es uns nicht erarbeiten, wenn wir nicht wissen wie.

Wir können gesunde Menschen als Lebens- oder Gleichgewichtskünstler betrachten. Doch wie geschickt ein Künstler auch sein mag, Kunst braucht mehr als ein paar Techniken und Tricks. Nur durch Übung werden Sie erfahren, was Ihnen Erfolg bringt.

Fangen wir also damit an, dass wir uns fragen, was Gesundheit ist, und mit dem dafür nötigen Handwerkszeug umgehen lernen.

Gesundheit ist der Ausdruck des Gleichgewichts zwischen Körper und Geist.

Eine Möglichkeit herauszufinden, was Gesundheit ist, besteht darin, gesunde Menschen zu modellieren. Dabei können folgende Fragen gestellt werden:

Wie denken Menschen, die gesund sind und bleiben?
Wie verhalten sie sich?
Ist ihr Verhalten angeboren oder erlernt?
Woher nehmen sie die nötige Energie?
Wer oder was bestimmt den Unterschied (zwischen krank und gesund sein)?

Aus den Antworten auf diese Fragen lassen sich bestimmte Strategien erkennen, die Menschen auf ganz persönliche Art und Weise einsetzen, um Einfluss auf ihre eigene Gesundheit zu nehmen. Und was einem Menschen möglich ist, ist auch jedem anderen möglich, der es aus sich selbst heraus anstrebt.

Um sich darüber klar zu werden, ob Ihr Wunsch zu verwirklichen ist, müssen Sie in Erfahrung bringen,

ob dieser Wunsch zu Ihnen passt;
wie gut die Chancen sind, dass Sie Ihr selbstgestecktes Ziel erreichen werden;

ob das Ergebnis wirklich so sein wird, wie Sie es sich
derzeit vorstellen,
und ob Sie die dafür notwendige Arbeit wirklich tun
wollen.

Unser Körper, der andauernd mit inneren und äußeren
Veränderungen konfrontiert wird, arbeitet ständig daran,
das (gesunde) Gleichgewicht zu halten. Er ist – genau wie
jeder andere Organismus – ununterbrochen damit
beschäftigt, Störungen in der Harmonie auszugleichen. In
einem gesunden Körper sind alle Funktionen harmonisch
aufeinander abgestimmt. Jeder lebende Organismus verfügt über die angeborenen Fähigkeiten: Erneuern, Speichern, nach Gleichgewicht suchen. Das ganze System
Mensch tut nichts anderes. Um gesund zu bleiben, brauchen wir unter anderem:

extern (Körper)	intern (Geist)
Bewegung	Entspannung
Wasser und Nahrung	Denken
Umgebung	Gefühl
frische Luft	Kontakt/Beachtung

Es versteht sich von selbst, dass ein Mangel an einem oder
mehreren dieser Faktoren unseren Körper unter Stress
setzt und unsere Gesundheit negativ beeinflußt. Je besser
die einzelnen Aspekte miteinander im Einklang stehen,
desto besser können wir unser Gleichgewicht bewahren.

Wenn Sie mit NLP an Ihrer eigenen Gesundheit oder an
der Gesundheit anderer arbeiten wollen, sollten Sie als
erstes wissen, dass NLP kein medizinisches System ist.
Jemand, der nur mit NLP arbeitet, ist kein Heiler oder
medizinischer Ratgeber, aber im NLP gibt es eine breite

Skala von zielgerichteten und effizienten Verhaltensweisen, mit denen Sie das, was Sie verändern wollen, verändern und das, was Sie erreichen wollen, erreichen können. Je mehr Wahlmöglichkeiten wir haben, um ein gesundes (oder gesünderes) Leben zu führen, desto besser!

Darüber hinaus können NLP-Techniken helfen, Hindernisse aufzuspüren, die das Erreichen des Gesundheitszieles erschweren. Es ist wichtig zu erkennen, dass nur Sie der Mensch sind, der das Bild, das Sie jetzt von sich selbst haben, verändern kann. Niemand anders kann das für Sie tun.

Das Sprichwort sagt: „Wo ein Wille ist, ist auch ein Weg." Ist es so einfach? Zu wissen, was man will, ist auf jeden Fall ein wichtiger Punkt, aber bedeutet das automatisch, dass wir auch den richtigen Weg finden?

Wenn Sie Veränderungen bewirken wollen, müssen drei Bedingungen erfüllt sein:
1. Ihnen ist klar, dass Sie es können.
2. Sie wollen es.
3. Sie wissen, wie Sie es anstellen müssen.

Es ist ganz wichtig, dass Sie davon überzeugt sind, Veränderungen bewirken zu können. Diese feste Überzeugung hilft Ihnen, wenn Sie unsicher werden, so dass Sie ohne jeden Zweifel sagen können: „Ich weiß, dass ich es kann."

Wir sind in dem Maße davon überzeugt, etwas tun zu können, in dem wir es für möglich halten. Jemand, der erfährt, dass er unheilbar krank ist, kann nach der anfänglichen Bestürzung beschließen, seine Krankheit zu überwinden. Überzeugungen haben einen direkten Einfluss auf die Möglichkeit, gesund zu werden. Es macht einen großen Unterschied, ob jemand denkt: „Wenn ich diese Krankheit habe, kann ich nicht gesund werden" oder:

„Ich kann von dieser Erkrankung geheilt werden." Es ist bewiesen, dass Menschen, wenn Sie über mehr Informationen verfügen, die Überzeugung „Ich kann nicht gesund werden" über „Ich glaube, dass ich es kann" in „Ja, ich kann es" verändern können. Dabei ist es wichtig, (wieder) zu erkennen, dass man die innere Fähigkeit zur Genesung besitzt.

Untersuchungen an über hundert vom Krebs geheilten Menschen, in denen erforscht wurde, welche gemeinsamen Faktoren für die Heilung in Frage kommen könnten, haben deutlich gemacht, dass Heilung aus der Überzeugung des Patienten entsteht, dass ein Medikament, eine Behandlung und/oder ein bestimmter Arzt heilen können. Diese Überzeugung – und nicht die Behandlung als solche – macht die Heilung möglich.

Wir können alle Motivation der Welt haben, aber wo sollen wir anfangen, wenn wir nicht wissen, wie wir etwas verändern können? Wenn wir nicht wissen wie, sind wir ziemlich hilflos. Oft suchen wir unser Heil bei Menschen, von denen wir wissen, dass sie in einer vergleichbaren Situation waren, um von ihnen zu erfahren, wie sie es damals geschafft haben und wie sie sich damals fühlten. Wir gehen auf die Suche nach Büchern, in denen wir vielleicht Antworten auf unsere Fragen finden, wir nehmen an Gesprächsgruppen teil oder suchen einen Therapeuten auf. So suchen wir überall nach den bestmöglichen Lösungen, in der Hoffnung, sie zu finden. Und gesetzt den Fall, wir haben endlich den richtigen Weg gefunden, um unser Problem anzugehen, müssen wir ihn auch noch gehen.

Wenn wir etwas verändern wollen, müssen wir behutsam vorgehen. Wenn wir ein Haus umbauen wollen, ist es wenig sinnvoll, aufs Geratewohl ein Stück niederzureißen. Besser ist es, sich vorher gründlich zu überlegen, wie das Haus konstruiert ist. Genauso ist es mit unserem Denken und Verhalten. Bevor wir uns umprogrammieren (verändern) können, müssen wir uns darüber im klaren sein, wie wir (in unserem Denken) im Moment programmiert sind.

Wenn wir etwas wirklich wollen und uns auch die Chance geben, aber nicht wissen wie, wird sich nichts ändern. Und wenn wir wissen wie und uns die Chance geben, aber nicht wirklich wollen, wird sich auch nichts verändern. Was immer unser Ziel sein mag – abnehmen oder Klavier spielen – es ist absolut unmöglich, eine Veränderung zu bewirken oder das angestrebte Ziel zu erreichen, wenn nur eine der drei obengenannten Bedingungen nicht erfüllt ist. Wann immer wir denken, dass etwas für andere möglich ist, aber nicht für uns, wissen wir entweder nicht, wie wir vorgehen müssen, haben uns keine Chance gegeben oder wollen nicht so recht. In Kapitel 3 werden wir uns noch näher mit diesem Thema auseinandersetzen.

Wenn Sie hundertprozentig hinter einer Sache stehen, wenn Sie die Fragen „Wollen Sie?", „Können Sie?" und „Geben Sie sich eine Chance?" alle mit ja beantworten können, sind Sie in der NLP-Terminologie „kongruent" und können die gewünschte Veränderung herbeiführen.

Wenn wir uns ein Ziel gesetzt haben, kommen uns oft Bedenken und Einwände in den Sinn. Zum Beispiel: „Ich würde die Ausbildung gern machen, ich habe auch das nötige Geld dafür, aber ich finde mich zu alt." Die Person in diesem Beispiel ist motiviert, weiß auch, auf welche Weise sie ihr Ziel erreichen kann, aber sie gibt sich selbst keine Chance, weil etwas in ihr an dem Ziel zweifelt oder es nicht wirklich vor sich sieht. Im NLP sagen wir, dass in einem solchen Fall ein Teil (der Persönlichkeit) nicht mit dem Ganzen in Einklang ist. Und solange nicht alle Teilpersönlichkeiten sagen „Wir tun es", wird diese Person nicht zu studieren anfangen. Wenn auch nur eine Teilpersönlichkeit nicht mitmacht, kann das Ziel nicht verwirklicht werden. Um eine konkrete Veränderung zu bewirken, muss die gesamte Persönlichkeit im Einklang sein. Solange eine oder mehrere Teilpersönlichkeiten der geplanten Veränderung entgegenwirken, tut sich nichts. Solange auch nur ein Stimmchen in uns „ja, aber" sagt, können wir unser Ziel nicht erreichen.

Das Wort „aber" deutet auf einen inneren Konflikt zwischen zwei oder mehr Teilpersönlichkeiten in uns hin. Um etwas verändern zu können, muss zwischen allen Teilpersönlichkeiten wechselseitige Kongruenz – oder wechselseitiger Konsens – bestehen.

Wir gehen in diesem Modell davon aus, dass die Persönlichkeit aus verschiedenen Teilpersönlichkeiten besteht, von denen jede ihre eigene Überzeugung hat und sich entsprechend verhält. Diese verschiedenen Teilpersönlichkeiten entstehen im Laufe unseres Lebens aufgrund bestimmter Erfahrungen.

Menschen, die ihr Ziel erreichen, sind – in der NLP-Terminologie – Menschen, die kongruente Lösungen für ihre inneren „Vetostimmen" finden. Wenn ein bestimmter Teil unserer Persönlichkeit ein gewähltes Ziel nicht unterschreibt, ist es wichtig herauszufinden, welcher Teil es ist und warum er dagegen ist. Denn erscheint eine Teilpersönlichkeit auch noch so lästig, sie hat immer einen Grund, warum sie nicht zustimmen will. Die Teilpersönlichkeiten sind nicht gegen uns. Sie wollen immer etwas tun, das in unserem Sinne ist. Wenn Sie es zum Beispiel dumm finden, dass Sie oft zu ängstlich sind, müssen Sie sich auch darüber klar werden, dass dieser Teil Ihrer Persönlichkeit dafür sorgt, dass alles gut ausgeht.

Wenn Sie auf eine Teilpersönlichkeit hören, hört sie auch auf Sie. Sobald wir uns dessen bewusst sind, können wir versuchen, eine kontraproduktive Teilpersönlichkeit vom Nutzen der gewünschten Veränderung (Abnehmen, das Rauchen aufgeben) zu überzeugen. Es ist wichtig, dass alle Teilpersönlichkeiten von der Richtigkeit des gesetzten Zieles überzeugt sind. Das gesetzte Ziel ist ökologisch richtig, wenn unser ganzes System davon überzeugt ist, dass dessen Erreichen in der Zukunft keinen Anlass für neue Probleme geben wird.

Bestimmte Teilpersönlichkeiten können stärker sein als andere. So kann eine Krankheit (unbewusst) durch einen zutiefst unglücklichen Teil verursacht worden sein, der – falls er stärker wird – in einem passenden Augenblick den Tod wählt, weil er überzeugt ist, dass es (das Leben) für ihn nicht mehr weitergeht.

2. KÖRPER UND GEIST

„Könnten wir unseren Körper sehen, wie er in Wirklichkeit ist, so würden wir nie zweimal dasselbe sehen. Achtundneunzig Prozent der Atome unseres Körpers befanden sich vor einem Jahr noch nicht dort, wo sie jetzt sind. Viele Atome gehen völlig frei in den Zellen ein und aus, was zur Folge hat, dass sich das Skelett ungefähr alle drei Monate erneuert.

Selbst im Gehirn, wo die gestorbenen Zellen nicht ersetzt werden, sind die im Moment vorhandenen Kohlenstoff-, Stickstoff- und Sauerstoffteile und so weiter vollkommen andere als noch ein Jahr zuvor. Das, was ich als 'Intelligenz' bezeichne, steuert die Veränderung (so dass wir nicht wie ein Stapel lose Steine zusammenbrechen)."

Deepak Chopra, *Quantenheilung*

Eine der Arten, wie wir die Intelligenz, auf die Chopra abzielt, beeinflussen können, ist durch Gedanken und Verhalten. Unser Verhalten hat seinen Ursprung in unseren Gedanken. Vieles von dem, was wir denken, ist angelernt. Wir lernen ja durch das, was unsere Erzieher sagen und (vor)machen. Dadurch, dass wir uns unserer *Prägungen* (das, was uns eingeprägt wurde) bewusst werden, können wir uns – falls wir das wünschen – von den Vorstellungen befreien, die wir nicht länger benötigen, und neue Auffassungen erlangen, die – zu diesem Zeitpunkt – besser zu uns passen und deshalb ein besseres (gesünderes) Verhalten hervorrufen.

Eine neue Auffassung bedeutet ein neue Art zu denken, und daraus entsteht neues Verhalten. Ja, unsere Denkprozesse programmieren unser Verhalten, unser Verhalten programmiert unsere Lebensart und unsere Lebensart programmiert die Qualität unseres Wohlbefindens. Sobald wir uns bewusst geworden sind, wie wir – hauptsächlich in unserer Jugend – durch unsere Umgebung programmiert wurden (Eltern, Schule, Freunde, Kirche, Gesellschaft), können wir entdecken, welche – oft unbewussten – Überzeugungen den Grundstein für unser heutiges (Gesundheits-)Verhalten gelegt haben.

Die Überzeugung, dass Körper und Geist eine Einheit sind, bildet das Fundament, auf das viele holistische Systeme ihre Vorstellung von Gesundheit bauen. Immer mehr Menschen wird klar, dass Körper und Geist sich gegenseitig beeinflussen. Das Atemholen, die Blutzirkulation und die Verdauung der Nahrung, worauf alle Zellen reagieren (in einem gesunden Körper wohnt ein gesunder Geist), sind unlösbar miteinander verbundene menschliche Eigenschaften. Gesundheit und Krankheit sind somit nicht nur auf den Körper oder ausschließlich auf den Geist zurückzuführen.

Das gesunde Funktionieren von Körper und Geist ist jedoch nicht allein unsere Sache, denn wir sind nicht allein. Wir müssen uns mit anderen Menschen, mit der Umgebung, in der wir leben, mit gesellschaftlichen und kulturellen Normen und Werten arrangieren und uns – mehr oder weniger – anpassen, damit wir unser Leben leben können. Auch bei einer Wechselwirkung ist es wichtig, ein Gleichgewicht zu finden.

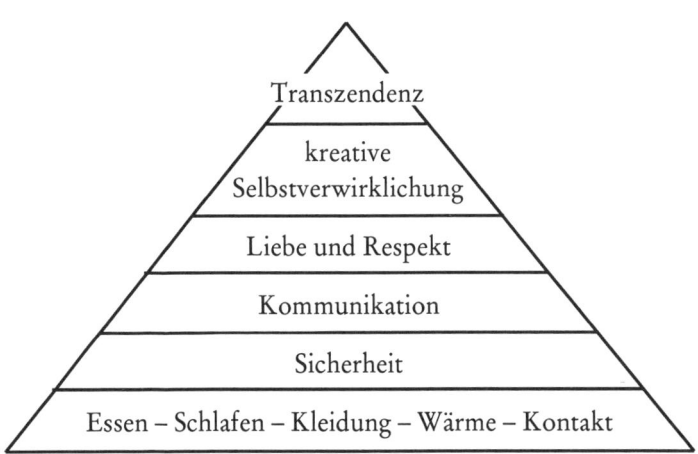

Die Bedürfnispyramide von Maslow

Abraham Maslow (der Begründer der Humanistischen Psychologie, 1954) zeigt uns in der obenstehenden Pyramide die Rangordnung der wichtigen Bedingungen auf dem Weg zur Selbstverwirklichung. Das wichtigste auf der untersten Ebene ist ein Ort, der sicher genug ist, um zu überleben, ein Ort, wo wir wir selbst sein können, und außerdem Erkenntnis, Akzeptanz, Wertschätzung und Liebe.

Wir leben immer in einem bestimmten Umfeld. In den meisten Fällen haben wir eine Wohnung, Familie, Freunde, Arbeit und Kollegen, einen Rahmen also, in dem wir uns relativ heimisch fühlen. Das Gefühl der Verwandtschaft mit anderen, das Gefühl, man selbst sein und sich ausleben zu können, ist förderlich für unser Wohlbefinden. Das Fehlen dieser notwendigen Bedingungen beschränkt unsere Möglichkeiten, die höheren Ebenen der Pyramide zu erreichen.

Maslow, der vor allem die positiven Aspekte des menschlichen Denkens studierte, untersuchte unter anderem die sogenannten transzendierenden Erfahrungen: Erfahrungen aus dem tiefen Selbst, die „blitzartig" zu höheren Einsichten oder zu „Offenbarungen einer universellen Wirklichkeit" führen, wie beispielsweise die intensive Erfahrung, dass alles eins ist. Maslow umschrieb transzendierende Erfahrungen als „Momente reinen, tiefen Glücks, die alle Zweifel, Ängste, Hemmungen, Spannungen und Schwächen hintanstellen, Momente, die als Erfahrungen von Lebenskraft in ihrer reinsten Form betrachtet werden können." Solche besonders prägenden Erfahrungen hatten, wie sich herausstellte, auf lange Sicht zur Folge, dass Menschen sich mit dem Leben versöhnten, anstatt sich wie Zuschauer zu fühlen. Sie fühlten sich „als Teil einer großen Familie und nicht länger wie Waisenkinder".

Auf seine Untersuchungen zurückblickend schrieb Maslow 1961 über die Menschen, die solche Erfahrungen hatten: „Sie waren die gesündesten Menschen, die man sich vorstellen kann."

Durch die Erfahrung von Gefühlen der Freude, des Glücks und der Freiheit, die notwendig sind, damit wir uns mit dem Leben verbunden fühlen können, bekommt unsere Innenwelt Kontakt mit der Außenwelt, und wir fühlen uns nicht mehr alleingelassen. Einige Forscher sind der Meinung, dass die Erfahrung von Glück – molekular betrachtet – denselben Effekt haben kann wie bestimmte Methoden, die beispielsweise helfen, den Krebs zu besiegen. Glück wirkt heilsam.

In den dreißiger Jahren entdeckte Dr. Hans Selye, dass Stress (ein Begriff, der in der Metallverarbeitung für Metallermüdung gebraucht wird) zu Migräne und Magenleiden führen kann. Durch die Behandlung von im Zweiten Weltkrieg traumatisierten Menschen wurde deutlich, wieviel Einfluss psychische Erfahrungen auf den Körper haben können. Dieser Einfluss wurde nur zögernd anerkannt.

Wenn die gängigen Untersuchungen und Laboranalysen keine Ergebnisse liefern, lautet seit neuestem die Diagnose: „Das wird wohl eine psychische Ursache haben."

Die leistungsorientierte Gesellschaft nach dem Zweiten Weltkrieg hat zahlreiche sogenannte Zivilisationskrankheiten hervorgebracht. Während des letzten Jahrzehnts führte die wachsende Überbevölkerung zu Einsamkeit, Reizbarkeit und (unterdrückten) Aggressionen, also zu Gefühlen, die in Krankheit resultieren können. Untersuchungsergebnisse aus den achtziger Jahren zeigen, dass psychologische Aspekte Einfluss auf die Wirkung unseres Immunsystems haben können – auf das natürliche Vermögen unseres Körpers, uns gegen Angriffe von außen in Form von Schadstoffen, Infektionen, Bakterien usw. abzuschirmen. Die Wechselwirkung zwischen Körper und Geist wird mehr und mehr akzeptiert, und die Klagen, die hiermit verbunden sind, fasst man unter dem Begriff „psychosomatisch" zusammen. Die Wörter „Psyche" und „Soma" kommen aus dem Griechischen und bedeuten Geist respektive Körper. Mit Hilfe der Psychosomatik sind wir nun in der Lage, die tieferen Ursachen für eine Krankheit (oder Beschwerde) besser zu verstehen.

Die Antwort der pharmazeutischen Industrie auf diese Betrachtungsweise war eine Schwemme von chemisch erzeugten Medikamenten gegen alle möglichen psychischen Leiden. Zahlreiche Psychopharmaka, Antidepressiva (beispielsweise Fluctin), Tranquilizer und Anti-Stress-Hormone, jedes mit seinen eigenen Nebenwirkungen, wurden auf den Markt geworfen. Es ist bekannt, dass ein Beruhigungsmittel wie Valium beinahe sämtliche natürlichen Prozesse im Körper auf subtile Art und Weise beeinflusst. Das ganze Nerven- und Immunsystem scheint sich dadurch zu verändern. Die Zellen des Immunsystems haben spezifische Rezeptoren für jede Aufgabe, und jede Zelle hat ein Gedächtnis für jede Aufgabe. Wenn nun diese Rezeptoren über einen längeren Zeitraum hinweg von Medikamenten wie Valium besetzt worden sind, „vergessen" die Zellen ihre Aufgaben. Sie werden träge.

Valium hat gleichzeitig Einfluss auf den Charakter und verändert unter anderem die Art und Weise, wie wir Schwierigkeiten begegnen. Es sind die Gehirnspezialisten, die mehr und mehr zu der Überzeugung gelangen, dass der Körper selbst die Stoffe herstellen kann, die für einen natürlichen Heilungsprozess nötig sind, und dass Medikamente wie Valium das Gleichgewicht der natürlichen Prozesse stören, wodurch – auf der Stufe der Rezeptoren – das Chaos noch größer wird.

Vorausblickende Forscher sind daher bemüht, eine spezifische Antwort auf die Frage zu finden, wie Gesundungsprozesse in dem, was sie „Körpergeist" nennen, wirken. Und weil die Welt der Psychosomatik begreifbar ist, meinen einige dieser Forscher, dass sich in uns ein, wie sie es nennen, „denkender Körper" befindet, der unsere Anweisungen (Gedanken) wie ein unsichtbarer, aber gehorsamer Steuermann ausführt.

Der Unterschied zwischen Ja und Nein, jede bewusste Wahl, die wir treffen – wie klein auch immer – hat Einfluss auf den Verlauf unseres Lebens. Wir treffen aber auch viele unbewusste Entscheidungen, aufgrund derer unser Körper manchmal anders reagiert, als wir es uns vorstellen. Dr. Bernie Siegel behauptet in seinem Buch *Mit der Seele heilen,* dass der Körper im Grunde genommen auf zwei Hauptbotschaften des Geistes reagiert: „(Über)lebe" oder „stirb".

Wenn wir in Gefahr kommen, reagiert unser Überlebensmechanismus (so schnell, dass es scheint, als handle er ohne unser Zutun) mit Flucht oder Angriff. Daneben gibt

der Geist „Sterbeaufträge", die unsere Verteidigungsmaßnahmen in dem Moment außer Kraft setzen, in dem wir
eine Situation als tödlich empfinden, oder wenn wir des
Lebens überdrüssig geworden sind. Ein „Sterbeauftrag"
verlangsamt die Körperfunktionen: Unser Atem stockt,
unser Herz steht still, wir erstarren vor Angst, das Blut
weicht uns aus dem Gesicht. Es ist erwiesen, dass bei
manchen Kindern, die in feindseliger Umgebung aufwachsen, das Wachstum aufhört, weil das emotionale
Hirnzentrum (das limbische System) die Produktion von
Wachstumshormonen einstellt.

Wenn wir unter Druck stehen – oder unsere eigenen
Gefühle unterdrücken – entsteht Stress. Stress hat mit
unseren Überlebensstrategien zu tun: Unser Herz klopft
schneller, unsere Muskeln spannen sich an und alle
unsere Sinne schärfen sich. Unsere instinktiven Reaktionen für das Überleben kommen aus dem Cerebellum,
dem stammesgeschichtlich alten Kleinhirn. In der Urzeit
galt das Recht des Stärkeren. Um zu überleben, musste
man ständig auf der Hut vor gefährlichen Eindringlingen
und wilden Tieren sein, die einen überfallen und töten
konnten. Heutzutage befinden wir uns in einem perma-
nenten Alarmzustand, um im Dschungel der Gesellschaft
überleben zu können, und müssen uns gegen die Gefahr
wehren, die in Form von vielerlei Spannungen auf uns
lauert. Das Recht des Stärkeren gilt noch immer. Wir
müssen uns einen Platz suchen, den wir erobern können,
wir müssen uns bewähren, uns behaupten und gegen
Konkurrenz bestehen. Wir müssen rechtzeitig unsere
Rechnungen bezahlen und Termine einhalten. Auf der
Straße sind wir nicht sicher, und wenn wir endlich
zuhause in unseren Sessel plumpsen, bombardieren die
Medien unsere Netzhaut mit schrecklichen Bildern und
Berichten. Alle Gedanken und Emotionen, die durch

diese Spannungen entstanden sind, verursachen im Gehirn chemische Reaktionen, die den Zustand unseres Körpers direkt beeinflussen. (Denken Sie nur an eine Situation, in der Sie sich über eine Nachrichtenmeldung entsetzt haben.)

In aufregenden Situationen pumpt der Körper das Hormon Adrenalin ins Blut, damit wir genügend Energie zur Verfügung haben, um uns zu retten. Wenn das Adrenalin aufgebraucht ist, fühlen wir uns ausgepumpt. Es ist erwiesen, dass unterdrückte Emotionen eine Überproduktion genau der Hormone verursachen, die das Immunsystem unterdrücken (das dafür sorgt, dass wir gegen alle möglichen krankmachenden Einflüsse gewappnet sind). Das bedeutet, dass wir, wenn wir deprimiert oder angespannt sind, in diesen Hormonen „schwimmen". Es ist bekannt, dass langandauernde Spannung – oder Stress – an unserer Fähigkeit, Schläge einzustecken, frisst und unsere Widerstandskraft gegen Krankheiten schwächt.

Bernie Siegel sagt, dass unser Körper in dem Moment, in dem wir unsere Gefühle negieren, einen „Sterbeauftrag" erhält („Ich möchte nicht fühlen, was ich fühle" = „Ich mag nicht sein, wer ich bin" = „Ich bin nicht so gut, wie ich sein sollte"). Das Immunsystem reagiert darauf, indem es streikt.

Untersuchungen haben gezeigt, dass die meisten Menschen, die an einem Herzleiden gestorben sind, nicht ihr eigener Herr waren und/oder stumpfsinnige Arbeiten verrichteten. Wenn wir dagegen – aus Liebe zu uns selbst – unsere Beschwerden ernst nehmen, ihnen nachgehen und, falls nötig, Hilfe suchen, übermitteln wir unserem Körper die Botschaft, dass das Leben – trotz allem der Mühe wert ist. Ein solcher „Lebensauftrag" hält das Immunsystem gesund.

Das Stress-Syndrom besteht aus drei Phasen (Selye, 1938):
1. Der direkte Alarmzustand
2. Widerstand gegen Spannungen (Versuch der Wiederherstellung)
3. Phase der Erschöpfung, in der unsere Konstitution langsam schwächer wird. In dieser Phase sind wir anfällig für Krankheiten.

In seinem Buch *Mit der Seele heilen* erwähnt Bernie Siegel eine Studie von van Holmes und Rahe, die eine Liste von 43 stress- und krankheitsverursachenden Situationen aufstellten, unter anderem einschneidende Veränderungen der Lebensumstände wie Verlust des Arbeitsplatzes, Kinder, die das Haus verlassen, Trennung und Scheidung, Umzug und der Tod eines geliebten Menschen. Die Studie zeigte, dass das Immunsystem von Menschen, die in Trauer sind, unter Umständen länger als ein Jahr unterdrückt (oder nicht aktiv) ist. Stress kann zu Depressionen, Alkoholismus, Gewalttätigkeit oder Armut führen. Es ist längst nicht immer offensichtlich, dass Menschen unter Stress leiden. Manche Menschen scheinen selbst unter den schrecklichsten Umständen noch gut zu funktionieren. Eine Untersuchung am *Albert Einstein College of Medicine in the Bronx* (New York) zeigte, dass 31 von 33 Kindern mit Leukämie im Zeitraum von zwei Jahren vor der Diagnose traumatische Erlebnisse hatten (Umzüge, tragische Verluste, Konflikte zwischen den Eltern, Mißhandlungen) (Siegel, 1988). Auch Depressionen geben „Sterbeaufträge" an das Immunsystem. Wenn wir nicht mehr weiter wissen, sagen wir uns zum Beispiel: „Ich gebe auf" oder „mir kann nichts mehr helfen." Depressive Menschen streiken gegen das Leben, indem sie weniger und weniger tun und jegliches Interesse an sich selbst und anderen verlieren. Apathische Menschen reagieren überhaupt nicht mehr. Sie gehen wie Roboter durch das Leben, während in ihrem Innern ein Orkan von Emotionen tobt.

Wenn eine Situation hoffnungslos erscheint, denken wir vielleicht:

Ich kann hier nichts tun. Andere sind stärker.

Ich kann nichts. Ich fühle mich schwach. Ich habe Angst, dass sie mich nicht mehr mögen, wenn ich etwas sage.

Ich kann nichts dagegen einwenden.

Solche Gedanken resultieren oft in nichtassertivem Verhalten. Nichtassertives Verhalten kommt im allgemeinen aus der tiefen Überzeugung „Ich bin nicht gut genug, andere sind besser".

Menschen, die sich selbst für gut genug halten, wagen es, zu sein, wie sie sind, und können in den meisten Situationen gut für sich selbst eintreten und Grenzen setzen.

Menschen, die sich selbst als nicht gut genug erfahren, geraten oft in Situationen, in denen sie das Gefühl haben, nichts tun zu können. Dieses Gefühl resultiert aus Überzeugungen wie „Andere sind stärker als ich", „Ich kann nichts", „Ich bin schwach", „Ich kann dem nichts entgegensetzen", „Ich habe Angst, dass sie mich nicht mehr mögen, wenn ich meine Meinung sage".

Um die Art von Verhalten, die aus solchen Überzeugungen entsteht, bei sich selbst wiedererkennen zu können, sollten Sie die folgenden Fragen beantworten. Je öfter Sie mit Ja antworten, desto mehr Grund haben Sie, Ihre Überzeugungen unter die Lupe zu nehmen.

1. Ich finde es mühselig, etwas zu einem Laden zurückzubringen.
2. Ich merke, dass andere Menschen es langsam für selbstverständlich halten, dass ich etwas für sie tue.

3. Ich erkläre mich freiwillig bereit, Aufträge und Botengänge auszuführen, die ich eigentlich gar nicht tun möchte.
4. Ich sage Ja zu jemandem und ärgere mich später darüber.
5. Ich spüre in letzter Zeit öfter meinen Magen (Magenbeschwerden).
6. Ich habe manchmal das Gefühl, dass alles hoffnungslos ist.
7. Ich finde es schrecklich, dass manche Menschen mich nicht mögen.
8. Ich finde, dass andere meine Gutmütigkeit manchmal ausnutzen.
9. Ich ärgere mich oft darüber, dass andere ihre Pflicht nicht tun.
10. Ich ändere manchmal meine Meinung, um Konflikte zu vermeiden.
11. Ich finde es schwierig, meine wahren Gefühle zum Ausdruck zu bringen.
12. Ich biete die Hilfe meiner Familienmitglieder an, ohne sie vorher gefragt zu haben.
13. Ich fühle mich verpflichtet, mich um die Probleme anderer zu kümmern.
14. Ich lüge manchmal ein bißchen, um mich beliebt zu machen.
15. Oft beschließen andere, was ich tun sollte.
16. Ich habe oft Kopfschmerzen oder rheumatische Arthritis.
17. Es fällt mir schwer, andere um Hilfe zu bitten.

Symptome, die aus nichtassertivem Verhalten resultieren können, sind Kopfschmerzen, Schuldgefühle und durch Übersäuerung hervorgerufene Krankheiten wie rheumatische Beschwerden, Magengeschwüre, Verbitterung und Krebs.

Eins sollten Sie nie vergessen: Sie können Ihre Umgebung nicht verändern, wohl aber die Art, wie Sie darauf reagieren.

Manche Menschen sind stressbeständig, andere nicht. Im Umgang mit Stress ist es wichtig, dass wir in unserer Umgebung verändern, was wir verändern können, und dass wir gleichzeitig unsere Art, auf Spannungen zu reagieren, verändern.

Dr. Herbert Benson (von der Harvard Medical School) zeigte mit Hilfe von Meditations- und Entspannungstechniken, dass die Fähigkeit des Körpers, einen gesunden Cholesterinspiegel beizubehalten, mit seiner Stressbeständigkeit einhergeht.

Die folgende Übung enthält Elemente aus Herbert Bensons Experiment. Sie sind mit einem Sternchen (*) markiert.

Machen Sie diese Übung nicht länger als zwanzig Minuten hintereinander, ein- bis zweimal pro Tag. Lassen Sie, wenn möglich, mindestens zwei Stunden nach einer Mahlzeit verstreichen, bevor Sie damit beginnen, da sich das Verdauen von Nahrung störend auf die Entspannung auswirken kann.

Fragen Sie sich, während Sie üben, nicht, ob Sie es gut machen. Eine passive Einstellung wie „lass kommen, was kommt" oder „es geht, wie es geht" ist am besten.

Übung: Entspannen

1*. Suchen Sie sich einen ruhigen Ort und setzen Sie sich bequem hin.
2. Stellen Sie die Füße flach auf den Boden, entspannen Sie die Muskeln, so gut Sie können, und legen Sie die Hände locker in den Schoß.

3. Schließen Sie die Augen und atmen Sie dreimal tief und langsam ein und aus, so dass Ihre Muskeln sich noch mehr entspannen können.

4*. Beobachten Sie, wie Sie ruhig und gleichmäßig atmen, und sprechen Sie während des Ein- und Ausatmens ein Mantra, das Sie sich selbst aussuchen (beispielsweise aum, eins, amen). Dies hilft Ihnen, Ihre Gedanken auf einen Punkt zu richten. (Sie können sich auch Musik oder eine Visualisierung als Richtpunkt aussuchen.)

5*. Wenn Sie merken, dass Ihre Gedanken abschweifen, richten Sie Ihre Aufmerksamkeit auf den Klang oder das Bild; eine passive, beobachtende Haltung wird Ihnen dabei helfen.

6. Dies können Sie zehn bis zwanzig Minuten lang tun. Sie können dabei auch ruhig mal auf die Uhr schauen. Das ist auf jeden Fall besser, als einen Wecker mit Alarmton zu benutzen. Bleiben Sie zum Schluss noch ein paar Minuten ruhig mit geschlossenen Augen sitzen; öffnen Sie dann die Augen und stehen Sie langsam auf.

Wenn Sie aufgrund Ihrer Arbeits- oder Lebenssituation oft Stress ausgesetzt sind, kann diese Übung Ihnen sehr gut tun.

3. IM INNERN UNSERES KÖRPERS

Nicht jeder wird von Stress krank. Es kommt darauf an, wie wir mit dem Stress umgehen. Aufgrund unserer Emotionen und der Art, wie wir unseren Gefühlen Ausdruck verleihen, weiß unser Körper, was wir von bestimmten Situationen erwarten (wir empfinden zum Beispiel Hoffnung, Erleichterung oder Angst). Und darauf reagiert unser Körper.

Immer mehr Forscher sind davon überzeugt, dass Neurotransmitter (körpereigene Botenstoffe, die in den siebziger Jahren entdeckt wurden) eine wichtige Rolle in den körperlichen Prozessen spielen. Diese Boten sind beispielsweise für den Kontakt zwischen unserem Gehirn und unseren Organen verantwortlich. Sie geben Auskunft über das, was wir auf allen Ebenen erleben. Das Gehirn sendet also nicht nur Impulse aus, sondern lässt auch Informationen frei im gesamten Körperinneren zirkulieren. Dies erklärt, warum unsere Gedanken einen so großen Einfluss auf unser Verhalten haben, vor allem, wenn wir bewusst Veränderungen in unserem Körper herbeiführen wollen.

Das bedeutet aber auch, dass wir unseren Körper, beispielsweise mit Hilfe der Visualisation, so programmieren können, daß er die gewünschten Veränderungen auch wirklich vornimmt. Das zentrale Nervensystem registriert (vorgestellte) Emotionen und Bilder und gibt diese – unter Zuhilfenahme elektrischer Impulse und chemischer Verbindungen – an alle Zellen in unserem Körper weiter. Eine Gehirnzelle kann Informationen mit einer

Geschwindigkeit von 360 km/h weiterleiten. Wenn Sie Ihren großen Zeh bewegen wollen, erreicht der Auftrag des Gehirns Ihren großen Zeh also in etwa einer fünfzigstel Sekunde.

Wenn wir gesund sind, sind wir „in Ordnung" (geordnet). Der indische Weise und Yogi Sri Aurobindo sagte: „Unser Körperbewusstsein kennt seine eigene instinktive Wahrheit (Bauplan) und Kraft (Energie), die den richtigen Zustand und die richtige Funktionsweise des Körpers darstellt."

Der Arzt, Philosoph und Naturforscher aus dem sechzehnten Jahrhundert, Theophrastus Bombastus von Hohenheim – besser bekannt unter dem Namen Paracelsus – nannte dieses Körperbewusstsein den „inneren Arzt". Der innere Arzt gibt jedem Menschen die Möglichkeit, sich selbst zu heilen. Um aktiv und effektiv arbeiten zu können, muss dieses innere Körperbewusstsein jedoch gepflegt werden.

Wenn wir ein auf natürliche Weise geordnetes Leben führen, werden wir auch eine geistige Ordnung erfahren, die hinter den körperlichen Prozessen steht.

Aus dem Bewusstsein für Ordnung entwickelt sich die Einsicht, dass die Harmonie der Seele die Basis für alle materiellen Erscheinungsformen bildet, also auch für unseren Körper. Das bedeutet, dass biologische Unordnung (Chaos/Krankheit) nicht nur mit einer gestörten Harmonie der Seele einhergeht, sondern auch aus ihr entsteht. Der Körper bringt die Disharmonie der Seele zum Ausdruck.

Der Genesungsprozess tritt ein, wenn wir in Verbundenheit mit der natürlichen Ordnung leben. Alles hat seinen Platz im großen Ganzen.

Der Vorstellung, dass Menschen ihre eigene Gesundheit beeinflussen können, wird langsam aber sicher mehr

Aufmerksamkeit geschenkt. In *The Journal of The American Medical Association* stand im Oktober 1985 zu lesen: „In den kommenden Jahrzehnten werden die bedeutendsten und entscheidenden Faktoren von Gesundheit und Lebensdauer durch die persönliche Wahl des Individuums bestimmt sein... Das Bekämpfen von Krankheiten mit Hilfe der Verhaltensänderung gibt den Menschen die Möglichkeit, ihre Gesundheit durch (Willens-) Kraft zu verbessern."

Heute wissen die meisten von uns, dass ein Zuviel an geistiger Anspannung Einfluss auf unser körperliches Wohlbefinden hat und dass (vor allem nicht verarbeitete) emotionale Erfahrungen körperliche Folgen haben können. In der Gesellschaft wird die Notwendigkeit oder der Wunsch, an sich selbst zu arbeiten, immer mehr akzeptiert.

Unsere Sprache zeugt schon seit Jahrhunderten davon, daß wir wohl wissen, wie Körper und Geist zusammenwirken. Die Redensarten, die wir verwenden, um auszudrücken, wie wir uns fühlen, sind voll von „psychosomatischen Bildern". Ein paar Beispiele:

Davon habe ich die Nase voll.
Es steht mir bis hier.
Es liegt mir wie ein Stein im Magen.
Ich schlucke immer alles hinunter.
Es geht mir durch Mark und Bein.
Ich habe mir zu viel aufgebürdet/Ich habe
    mir zu viel auf die Schultern geladen.
Davon wird mir ganz kribbelig.
Ich habe ein dickes Fell.
Ich werde ständig vor den Kopf gestoßen.
Davon wird mir der Kopf ganz schwer.
Halt die Ohren steif.
Ich bin hartnäckig.

Es ist faszinierend, sich mit den Metaphern zu befassen, die Menschen gebrauchen, um auf Körperteile zu verweisen, mit denen etwas nicht stimmt. Das Unbewusste versteht sich offensichtlich auf die Kunst, Körpersignale zu interpretieren und Beschwerden mitunter wortwörtlich zu benennen. Obwohl die angeführten Redensarten herangezogen werden können, um etwas zu verdeutlichen, beispielsweise, indem wir Fragen dazu stellen, sollten wir uns hüten, derartige Aussprüche unter allen Umständen wörtlich zu nehmen.

Seit es Menschen gibt, denken wir über das Denken nach. Das lateinische Wort *mens*, von dem sich das Wort „mental" herleitet, steht für unser Denkvermögen. Unser Gehirn ist ein Wunder. Der Sprache, die wir sprechen, um unsere Gefühle auszudrücken, gehen beeindruckende Aktivitäten des Gehirns voraus. Alles, was wir über unsere Sinnesorgane aufnehmen, wird empfangen, weitergegeben, verarbeitet und geordnet, bevor wir letztendlich die richtigen Worte dafür finden oder die gewünschten Handlungen ausführen. Untersuchungen haben ergeben, dass unsere Gedanken die Chemie unseres Körpers ständig bis in die kleinste Zelle modifizieren.

Da es, jedenfalls soweit wir wissen, kein spezifisches „Heilorgan" gibt, fragen Wissenschaftler sich, woher der Körper weiß, was er zu tun hat, wenn er verwundet wird; und doch weiß jeder Körper, wie er eine Schürfwunde oder eine Quetschung heilen kann.

Aber auch Menschen, die bestimmte Probleme haben, sind imstande (manchmal unter Zuhilfenahme von NLP-Techniken), sich selbst in wenigen Tagen zu reorganisieren oder umzuprogrammieren. Dies ist jedoch nur möglich, wenn das gesamte System die Veränderung als ökologisch günstig wahrnimmt.

Betrachten Sie die Ökologie (die Lehre von den Wechselbeziehungen zwischen Teilen und ihrem System) zunächst als eine Möglichkeit herauszufinden, was Sie als ganzer Mensch wirklich wollen, da die ökologische Lösung als die in der Summe günstigste Lösung erfahren wird. Da alle Systeme zusammenarbeiten, können Sie – indem Sie neue Gedanken kreieren – einen natürlichen (heilenden) Veränderungsprozess in Ihrer Körperchemie hervorrufen. Es ist tatsächlich möglich, diesen Effekt bis in die Zellstruktur zurückzuverfolgen.

Unser Körper besteht aus schätzungsweise fünfzig Milliarden Zellen (einem Zehnfachen der gesamten Weltbevölkerung), die sich ständig erneuern. Man nimmt an, dass Zellen ein (Zell-)Bewusstsein haben. Sie sind vermutlich imstande, selbständig zu denken, miteinander zu kommunizieren und auf unsere Gedanken und die Gedanken anderer Organismen in unserer Nähe zu reagieren.

Aus einer aufsehenerregenden Studie von Cleve Backster (*Das geheime Leben der Pflanzen*) geht hervor, dass Pflanzenzellen auf Reize und Gedanken reagieren und dass wir ihr Wachstum positiv beeinflussen können, indem wir positive Gedanken in ihre Richtung aussenden. Pflanzen reagieren nicht nur auf Licht und Umgebung, sondern auch auf Musik. Wenn ein anderer Organismus, mit dem sie sich verbunden fühlen, Schmerzen leidet, reagieren Pflanzen mit Erschrecken. Bäume warnen sich gegenseitig, indem sie eine bestimmte chemische Substanz ausstoßen (auch gegen den Wind), wenn ein gefährlicher Stoff im Anmarsch ist.

Unsere Körperzellen scheinen auf dieselbe Art zu reagieren. Die wichtigsten Rezeptoren (Empfänger) unserer Gehirnzellen (Gedankensender) scheinen unsere Körperzellen zu sein: Als Teile unseres Organismus sind sie auf uns abgestimmt. Weitere Untersuchungen weisen darauf hin, dass jede einzelne unserer Zellen weiß, was wir denken; vor allem, wenn unsere Gedanken mit starken Emotionen verbunden sind, reagiert jede Zelle. Wenn wir beispielsweise verärgert sind, sind – wie nachgewiesen wurde – die dadurch aktivierten Neurotransmitter (die „Verärgerungsüberträger") in all unseren Organen vorhanden. Wir haben dann eine verärgerte Leber, eine verärgerte Gallenblase und so weiter.

Es ist erwiesen, dass unsere Körperzellen selbst auf Abstand – wenn sie aus unserem Körper entfernt wurden – wissen, was wir denken.

Überdies besitzen Zellen ein Gedächtnis. Unsere Körperzellen erneuern sich ständig (ungefähr in unserem achtzigsten Lebensjahr haben wir zum fünften Mal einen vollständig erneuerten Körper), wobei die neuen Zellen das Gedächtnis der alten Zellen erben. Das Gedächtnis enthält die Information, wer wir sind. Wenn Sie ein Jugendfoto von sich selbst betrachten, werden Sie sich vielleicht fragen: Wie kann das sein, immer dasselbe Ich in einem ständig neuen Leib?

Unsere Zellen erinnern sich auch, ob wir beispielsweise süchtig oder krankheitsanfällig sind, und was wir – aus welchem Grund auch immer – gut oder nicht gut vertragen. Wenn zum Beispiel eine fünfundzwanzigjährige anorektische Patientin erzählt, dass ihr Widerwille gegen das Essen ungefähr in ihrem fünfzehnten Lebensjahr entstanden ist, ist die Erinnerung an diesen Widerwillen offensichtlich an die neuen Zellen übergeben worden.

Folglich bestimmt nicht nur die Menge an Nahrung, die wir zu uns nehmen, ob wir dick oder dünn sind. Daher kommt es, dass Diäten oft nicht helfen.

Obwohl unser Gehirn wahrscheinlich das faszinierendste aller unserer Organe ist, scheint es auf den ersten Blick nur wenige Besonderheiten aufzuweisen. Wenn wir ausgewachsen sind, wiegt diese „graue Walnuss" ungefähr vierzehnhundert Gramm, dreimal so viel wie bei unserer Geburt. Und wenn wir älter werden, nimmt das Gewicht wieder um ein Gramm pro Jahr ab. Ungefähr fünfundachtzig Prozent der gewundenen – und zum größten Teil verborgenen – Masse des Kleinhirns (in unserem Hinterkopf) ist stark gefaltet; wenn wir ihn auseinanderfalten würden, nähme allein dieser Teil (elf Prozent des Gesamtgewichtes) eine Fläche von 120 mal 170 Zentimetern ein.

Das Kleinhirn verarbeitet Impulse des Großhirns, reguliert unsere Motorik und beeinflusst unsere emotionelle Entwicklung. Und dies ist nur ein Bruchteil dessen, was in unserem Kopf stattfindet. Ja, auch Ideen für geniale Erfindungen wie Computer, Hochgeschwindigkeitszüge und Space-Shuttles entstehen irgendwo in demselben Gehirn. Es ist deshalb nicht verwunderlich, dass dieses – wörtlich und im übertragenen Sinne – verwickelte Organ wegen seiner zahllosen unbegreiflichen Fähigkeiten seit Menschengedenken ein beliebtes Studienobjekt war.

Untersuchungen haben inzwischen gezeigt, dass unser Gehirn (das die Größe einer Melone hat) aus etwa zehn Milliarden Nervenzellen besteht und dass wir – hätten die Zellen die Größe von Sandkörnern – einen Güterwaggon damit füllen könnten. Alle Zellen haben funktionelle Verbindungen: In einem konstanten Strom fließen Impulse zu Gehirnzellen, durch sie hindurch und von ihnen weg. Bestimmte Teile sind für die Selektion von über die Nervenbahnen eintreffenden Informationen reserviert, die nicht weitergeleitet werden müssen. Gewissermaßen ist unser ganzer Körper, geauer gesagt unsere Hautoberfläche, eine große Sinneszelle. Unser Gehirn ist in der Lage, unseren Körper auf ständig wechselnde Weise unter den unterschiedlichsten Umständen zu organisieren. Dreißig Millionen Gehirnzellen formulieren jeden einzelnen Gedanken.

Obwohl es ein Wunder ist, dass unser Gehirn jede Sekunde unseres Lebens arbeitet, dass unser Herz klopft, unser Blut fließt, unser Darm die Nahrung verdaut und unsere Zellen auf unsere Gedanken reagieren, erfahren wir Gesundheit so lange als etwas Selbstverständliches, bis wir krank werden. Krankheit erfahren wir außerdem meistens als etwas, das uns „ganz plötzlich" überkommt, als etwas, das uns von außen her überfällt. Und doch entsteht Krankheit in den meisten Fällen von innen heraus.

Obwohl der Körper (immer!) rechtzeitig zu erkennen gibt, dass etwas nicht in Ordnung ist, (er-)kennen wir die Signale nicht immer. Wir sind auch geneigt, Gefühle zu missachten, die wir als lästig und schmerzhaft empfinden. Niemand will krank sein. Außerdem lernen wir alle als Kinder, dass wir tapfer sein müssen, nicht jammern sollen und uns nicht anstellen dürfen: „Das geht schon wieder vorbei …"

Da wir nicht lernen, richtig hinzuhören, ist Krankheit in den meisten Fällen ein sich (langsam) entwickelnder Prozess. In dem Moment, in dem wir so große Schmerzen haben, dass wir nicht länger umhin können sie wahrzunehmen, zwingt uns unser Körper, auf das zu reagieren, was mit ihm los ist.

Krankheit scheint einen Sinn zu haben. Menschen, die ernsthaft krank sind und/oder starke Schmerzen erleiden, fällt es vermutlich schwer, diese Behauptung anzunehmen. Der Gedanke, dass aus Schmerzen ein Nutzen erwächst, klingt vielleicht paradox. Dennoch sind Beschwerden oder Krankheiten mit auf den ersten Blick (oder das erste Gefühl) unbedeutenden Symptomen nicht mehr und nicht weniger als ein Kommunikationsmittel, mit dem unser System uns auf ein gewisses Maß an Disharmonie aufmerksam machen will. Obwohl die meisten

Beschwerden klein anfangen, sollte man besser gleich auf die Botschaften (Signale), die der Körper aussendet, hören – und darauf reagieren.

Die Quintessenz dieser Botschaften lautet meistens: „Geh anders mit dir selbst um!" Wenn wir diesen Rat in den Wind schlagen, kann der Körper nicht anders, als das Signal zu verstärken, bis wir ihm schließlich Gehör schenken müssen.

Die Art und Weise, wie wir im Leben stehen – die Art, wie wir denken, handeln und erleben – reflektiert unsere Werte. Unsere Einstellung bestimmt, wie wir unser Leben erleben. Nichts ist an sich gut oder schlecht. Wir beschließen, welchen Wert wir einem Ereignis geben. Genau wie „kalt" und „warm" rein subjektive Wertbestimmungen sind, kodieren wir unsere physischen Erfahrungen auf der subjektiven Ebene.

Unser Körper ist das Instrument, durch das wir erfahren, wie wir uns fühlen, und umgekehrt reagiert unser Körper auf unsere Gefühle. Unsere Seele, die sich über unseren Körper ausdrückt, versucht ständig, unserem Körper zu den höchstmöglichen Schwingungen zu verhelfen. Nur auf diese Weise kann die Seele ihre Aufgabe erfüllen. Unsere Denkprozesse bewirken Energiestöße, mit deren Hilfe unser Körper geformt wird. Je besser all diese Anstöße miteinander harmonieren, desto besser kann unsere Seele sich ausdrücken. Unsere Emotionen schaffen Tausende von Neurotransmitter-Molekülen, die an diesem Prozess mitwirken.

Wenn unsere Gedanken stark genug sind, um Handlungen zu initiieren oder zu beeinflussen (so wie unser Gehirn Denkprozesse in Taten umsetzen kann), können wir logischerweise unterstellen, dass wir uns sowohl krank als auch gesund denken können. Haben wir nicht schon von

Menschen gehört, die allen medizinischen Prognosen zum Trotz gesund geworden sind?

Der amerikanische Redakteur Norman Cousins war bereits dem Tode geweiht, als er hörte, dass Endorphine (natürliche Opiate/Eiweiße) bei seinem spezifischen Problem helfen könnten. Da Untersuchungen nachgewiesen hatten, dass diese Neuropeptide im Überfluss gebildet werden, wenn man lacht, lieh sich Cousins einen Stapel Dick-und-Doof-Videos aus, sah sich am Tag ungefähr vier dieser Slapstick-Komödien an und lachte sich gesund.

Der Gedanke „mir kann nichts mehr helfen" hat dagegen – wie andere Untersuchungen gezeigt haben – einen nachteiligen Effekt auf die Gesundheit. Unsere Überzeugungen und die Kraft, durch welche sich diese Überzeugungen manifestieren, „projizieren" sich in den Zustand unseres Körpers.

Zwischen dem „Denken, dass Sie nichts tun können" und dem „Wissen, dass Sie es können" liegen zahlreiche Zwischenstufen. Wir sind, wie und was wir zu sein glauben. Das bedeutet, dass wir unseren individuellen Gesundheitszustand kreieren können, indem wir uns unsere Gedanken und Überzeugungen bewusst machen und sie, wenn nötig, zum Vorteil unserer Gesundheit verändern.

Kranke Menschen fragen sich manchmal: „Welchen Anteil habe ich an meiner Krankheit?" Manche Menschen finden die Vorstellung, dass sie möglicherweise ein gewisses Maß an Eigenverantwortung für ihre Krankheit übernehmen müssen, erschreckend. Aber wenn wir durch eine gesunde Lebensweise bestimmte Krankheiten vermeiden können (zum Beispiel einen zu hohen Cholesterinspiegel oder einen zu hohen Blutdruck), können wir dann nicht auch unterstellen, dass eine „verkehrte" Lebensweise zu Krankheiten beitragen kann?

Descartes (der Begründer der modernen Philosophie) postulierte im Jahre 1637, dass Seele (Bewusstsein) und Gehirn voneinander unabhängig seien. Seine Theorie geht davon aus, dass der Geist nicht nur ein Produkt des Gehirns ist. Der Geist ist überall. Er kennt keine körperliche Begrenzung. Viele Untersuchungen über die Möglichkeiten des Geistes beweisen dies. Es wurde gezeigt, dass wir nicht nur in sichtbarer, sondern auch in unsichtbarer Verbindung miteinander stehen. Unsere Erfahrungen reichen weiter als bis zu der Grenze unserer Haut. In der ganzen Welt sind Menschen davon überzeugt, dass der Geist weiterlebt, nachdem der Körper gestorben ist. Auf eine andere Weise sind viele, die mit NLP arbeiten, davon überzeugt, dass der menschliche Geist weiter reicht als die Sterne.

Die spirituelle Ebene ist für viele Heilungsarten von großer Bedeutung. Menschen, die ein schreckliches Unglück überlebt oder eine geliebte Person verloren haben, sind sich oft auf intensive Art und Weise des Wertes ihres Lebens bewusst. Alles, was sie bisher als selbstverständlich angesehen und ohne sich viele Gedanken darüber zu machen hingenommen haben, wird transformiert in ein bewusstes Erleben der Mitmenschen, der Liebe und des Lebens, der Welt und des Weltalls.

Der griechische Philosoph und Mystiker Plato machte eine Unterscheidung zwischen dem Geist, einem konkreten „Seelenstoff", und den oben genannten Körperfunktionen. Sein Schüler Aristoteles beschreibt die Dreiteilung von Körper, Geist und Seele. Körper, Seele und Geist sind jeweils mit Form und Inhalt unseres Wesens verbunden. Der Körper ist unsere individuelle, stoffliche Form, die sich in Materie ausdrückt, Seele und Geist sind der Inhalt.

Der Geist kann als ein Bewusstsein angesehen werden, das sich auf vielen Ebenen der Schöpfung – und damit auch in uns – manifestiert. In vielen Kulturen betrachtet man den Geist (Spiritus) als unsichtbaren menschlichen Atem.

Religiösen und esoterischen Ansichten zufolge ist der Mensch in dieser dualistischen Welt „unheilig", das bedeutet, nicht heil. Unser letztendliches Ziel ist es, wie Jung schreibt, den Weg zu unserer ursprünglichen Heiligkeit zurückzufinden, zu einem Geisteszustand, in dem alles auf ewig, über die Grenzen von Zeit und Raum hinweg, in Harmonie miteinander verbunden ist. Spiritualität ist die Verbindung (unsere Nabelschnur) mit dem Göttlichen, dem Kosmos, Gott, dem Großen Geist, der Natur oder wie auch immer wir es nennen mögen.

Spirituell sein bedeutet, vom Bestehen einer schöpfenden Kraft überzeugt zu sein, von einer höheren Ordnung, die einen riesigen, energetischen Körper geformt hat, von dem wir ein Teil sind. Mystiker, Philosophen, Künstler, Dichter, Musiker und Tänzer aller Jahrhunderte haben über Musik, Kunstwerke, Riten und Rituale versucht, die Mysterien verständlich zu machen und ins Bewusstsein zu rufen. Sie berichten uns von dem Wunder, das so viel größer ist als wir selbst. Spiritualität weiß von innen heraus. Auf dieser Ebene kann man nichts verändern. Spiritualität *ist*. In alten Texten kann man lesen: „So wie der Körper des Menschen ist auch der Körper des Weltalls. So wie der Geist des Menschen ist auch der Geist des Weltalls. So wie der Mikrokosmos ist auch der Makrokosmos."

4. ENERGIE

Wissenschaftlich gesehen ist das Leben ein Prozess, in dem Energie verbraucht wird. Lebensenergie oder Chi – wie man sie im Osten nennt – ist ihrem Wesen nach mystisch.

Obwohl die Wissenschaft weder ihren Ursprung noch ihr Ziel kennt, wissen wir, dass Energie die Fähigkeit besitzt, ohne Unterlass zu strömen und sich in einer unglaublichen Formenvielfalt zu kristallisieren.

Dem ersten Gesetz der chinesischen Heilkunde zufolge gibt es nur Energie, und diesem Gesetz folgt alles. Unsere heutigen Erkenntnisse beruhen auf demselben (sicherlich schon zehntausend Jahre alten) Gesetz. Die Quantenphysik – eine relativ neue naturwissenschaftliche Theorie, die im Jahre 1952 entstand – beschreibt die materielle Welt als komplexes Geflecht aus Energieteilchen, die in ständig wechselnden Situationen, Kombinationen und Strukturen miteinander verbunden sind. Wir leben in einem Meer aus lebendigem Plasma (Gas mit einer hohen Dichte an Elektronen und positiv geladenen Ionen) oder in einem „Meer aus Geist".

Man kann auch sagen, dass Energie die Kraft in uns ist, die es uns möglich macht, das zu tun, was wir tun wollen. In einigen östlichen Philosophien herrscht die Vorstellung, dass wir unsere Energie zum Teil mit der Nahrung aufnehmen und zum Teil mit dem Atemholen aus dem Kosmos. Diese Energie ist in unseren Meridianen spürbar. Meridiane oder Akupressurbahnen enthalten ein farbloses, geruchloses Fluidum ohne Zellen, das mit Hilfe von modernen elektronischen Apparaturen gemessen werden kann. Der Muskeltest, der unter anderem in der angewandten Kinesiologie eingesetzt wird, dient ebenfalls dazu, die Energie in den Meridianen zu messen. Wenn ein Muskel schwach testet, weist dies auf eine vorhandene Energieblockade hin. Wird diese Blockade aufgehoben, kann die Selbstheilungskraft wieder in Gang kommen.

Eine Blockade der Meridianenergie kann verschiedene Ursachen haben:

1. Schlechte Körperhaltung
   Eine schlechte Körperhaltung verhindert den freien Fluß der Energie.
2. Falsche Nahrung
   Nahrung, die nicht gut für uns ist, braucht mehr Energie, um verdaut zu werden, als sie liefert. Der Effekt von Nahrung ist sehr von der Person abhängig, wobei die kulturell oder emotional geprägte Einstellung zur Nahrung auch eine Rolle spielt.
3. Elektronische Geräte, die unsere Energie negativ beeinflussen
   Geräte, die unsere Energie negativ beeinflussen können, sind unter anderem: Fernseher, Magnete, Hochspannungsmasten, Registrierkassen und Monitore. Auch Telefone scheinen einen schwachen Effekt zu haben.
4. Emotionen
   Unverarbeitete Emotionen können ebenfalls (zeitweilig) zu einer Energieblockade in den Meridianen führen.

Sobald etwas mit unserem Körper geschieht, hat das unwillkürlich Einfluss auf unsere Gedanken (ihre Richtung). Der orthopädische Chirurg und Forscher Robert Becker untersuchte die elektrischen Vorgänge im Körper. Seine Studie führte unter anderem dazu, dass Elektrizität eingesetzt wurde, um gebrochene Knochen, die nicht wieder zusammenwachsen wollten, zu heilen. Er entdeckte auch, dass Menschen unter Hypnose auf Kommando Spannungsveränderungen in Teilen ihres Körpers herbeiführen können. Becker meint, dass diese elektrischen Spannungen in der Tat neurochemische und zelluläre Prozesse beherrschen, womit er eine wissenschaftliche Erklärung für den Placebo-Effekt (auch „Scheinwirkung" genannt) liefert, und dass Menschen unter Hypnose imstande sind, sich selbst zu heilen, indem sie mit ihrem Inneren in Kontakt treten.

Bestimmte Gedanken verursachen bestimmte unwillkürliche Veränderungen in unserem Körper. Wenn wir jemanden davon reden hören, wie er in einen leckeren Pfirsich gebissen hat, verhalten sich unsere Speicheldrüsen so, als ob der Pfirsich Wirklichkeit wäre: Das Wasser läuft uns im Munde zusammen.

Übung: Energie sammeln

Diese Übung gibt Ihnen die Möglichkeit, Energie zu sammeln und in eine bestimmte Richtung zu lenken. Suchen Sie sich dazu einen ruhigen Ort aus und stellen Sie sich mit geschlossenen Augen hin. Entspannen Sie sich, so gut Sie können.

1. Erleben Sie sich als Teil des Universums und fühlen Sie, dass das Universum eine Quelle der Liebe und Energie ist.
2. Strecken Sie den rechten Arm aus, als ob Sie einen großen Luftballon auf den Fingerspitzen tragen würden. Tun Sie dann dasselbe mit dem linken Arm.
3. Spüren Sie die Energie, empfangen Sie sie und bringen Sie sie (mit beiden Händen) zu Ihrem Herzen.

Auf der Ebene von Energie und Bewusstsein formen sich Ideen (immaterielle Gedanken „bilder"), die wir anschließend in die Materie bringen können. Ein Gebäude kann entstehen, nachdem ein Bild davon vor unserem geistigen Auge aufgetaucht ist, das schließlich in der materiellen Wirklichkeit umgesetzt wurde.

Dieser Prozess läuft umso reibungsloser ab, je freier die Energie fliessen kann. Wir haben bereits davon gesprochen, daß Emotionen den freien Fluß der Energie zeitweilig blockieren können.

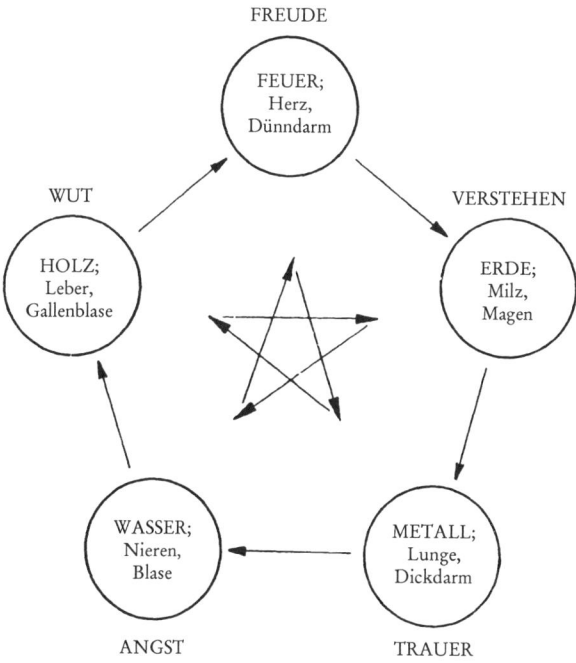

Die fünf Elemente und die ihnen entsprechenden Emotionen.

Diese Darstellung aus der chinesischen Fünf-Elemente-Lehre zeigt, wie die Energie strömt und welche Emotionen mit welchen Elementen in Verbindung gebracht werden. Es ist wichtig zu verstehen, dass es hier um Gleichgewicht geht. Zu viel oder zu wenig Energie in einem Element zu haben, bedeutet ein Ungleichgewicht, und Ungleichgewichte verursachen Krankheiten.

Ein Beispiel: zu viel Verstehen und zu wenig Wut. Ich nenne dies die Therapeutenkrankheit. Für den Klienten mag es wunderbar sein, daß der Therapeut Verständnis für all seine Probleme aufbringt. Auf der Seite des Therapeuten hat das allerdings zur Folge, daß er die Probleme des Klienten zu seinen eigenen macht und darüber unterdrückte Wut empfindet, die von nun an der stets gegenwärtige und mehr oder weniger beachtete Dritte im Bunde ist.

Sie können sich mit den emotionalen Korrelationen zwischen Elementen und Organen/Meridianen befassen, um Klarheit darüber zu gewinnen, an welchen Stellen ein energetisches Ungleichgewicht vorliegt und was das für die Vorgänge in Ihrem Körper bedeuten kann. Ein paar Beispiele:

Magenpatienten haben oft zu viel Verständnis für die Probleme anderer. Herzpatienten fehlt es an Freude im Leben. Menschen mit Lungenleiden werden vielleicht von Trauer überwältigt. Leberpatienten sind zu viele Läuse (Wut) über die Leber gelaufen.

Das sind natürlich grobe Verallgemeinerungen, die aber sehr wohl deutlich machen, dass die Mitarbeit des Patienten an einem eventuellen Heilungsprozess in jedem Fall gefordert ist.

Aus dem bisher Gesagten dürfte deutlich geworden sein, dass wir über zahllose Möglichkeiten verfügen, unsere Energie sowohl positiv als auch negativ zu beeinflussen.

Der chinesischen Tradition zufolge sind wir mit einem Erbe an Energie zur Welt gekommen. Man betrachtet diese angeborene Energie als eine Art Vorratslager. Wir halten diesen Energievorrat auf einem bestimmten Level, indem wir essen und atmen. Immer, wenn wir aus dem Gleichgewicht kommen, muss Energie eingesetzt werden, um die Balance wieder herzustellen. Wenn die Menge der hereinkommenden Energie kleiner ist als die Energie, die verbraucht wird, müssen wir auf die Energie aus unserem ererbten Vorrat zurückgreifen. Dies kann zu Krankheit führen, aber da uns Krankheit zum Ausruhen zwingt, bekommen wir gleichzeitig die Gelegenheit, unsere Reserven wieder aufzufüllen.

Entspannungstechniken sind ebenfalls eine gute Möglichkeit, den Energievorrat wieder aufzufüllen. Wenn wir uns entspannen, verlangsamen sich Stoffwechsel, Herzschlag und Pulsfrequenz, der Blutdruck sinkt und die Muskelspannung lässt nach. Damit wird Energie frei, die wir verwenden können, um gesund zu bleiben oder zu genesen. Durch regelmäßige Entspannung vermeiden wir Energieverlust und Ermüdung. Wenn wir uns dagegen ständig zu viel abverlangen und uns nicht entspannen, sickert all unsere Energie weg und unser Reservoir leert sich. Eine der besten Entspannungstechniken ist der Schlaf. Menschen, die zu wenig Schlaf bekommen, sind reizbar und unkonzentriert, und anhaltender Schlafmangel führt sogar zu Halluzinationen. Menschen mit einem wachen Geist bezeichnet man nicht umsonst als „ausgeschlafen".

Energie kann sich nicht nur auf vielfältige Arten und Weisen zum Ausdruck bringen, sie ist auch in der Lage, eine Substanz in eine andere zu verwandeln. Abhängig von den Umständen wird Feuer zu Rauch und Wasser zu Eis. Wenn ein bestimmter Stoff vergeht, geht er in einen anderen über, in einen Stoff mit einer anderen Schwingungszahl, oder in eine andere Bewusstseinsebene. Es gibt keinen leeren Raum, nichts geht verloren, alles durchdringt einander und ist miteinander verbunden. Auch der Wechsel der Jahreszeiten ist nichts anderes als eine ständig andauernde energetische Transformation, ein Aufgehen, Leuchten, Untergehen und wieder Aufgehen. Nichts bleibt dasselbe.

Unsere Denkprozesse bestehen aus Energiestößen innerhalb eines Energiezentrums, in dem wir unsere Gedanken erleben können, bevor sie Form in unserem Körper annehmen. Unser Körper formt sich also nach unserem (Seelen-)Bewusstsein. Das impliziert, dass wir uns selbst erschaffen, dass wir kristallisierte Ideen sind. Plato schreibt zu recht, dass der Körper sich nach dem Geist formt. Und Buddha sagt: „Wir sind, was wir denken. Alles, was wir sind, kommt aus unseren Gedanken. Mit unseren Gedanken machen wir die Welt."

Gemeinsam mit Suzi Smith versuchte Robert Dilts, Jesus von Nazareth zu modellieren, wobei er hauptsächlich an Jesus als Heiler interessiert war. Anhand verschiedener Bibelverse untersuchte er, wozu Jesus imstande war, wie er heilte und so weiter. Wir haben alle unsere eigenen Vorstellungen und Überzeugungen über die Existenz oder Nicht-Existenz einer höheren Macht. Eine der wichtigsten Botschaften (oder Bedingungen für Heilung), die Dilts aus seiner Untersuchung gewonnen hat, lautet: „Gib dem Ewigen die Chance, sich zu manifestieren." Genau das jedoch verhindern die meisten unserer Überzeugungen. Und die „in aller Stille geformten Überzeugungen schränken am meisten ein", sagt Deepak Chopra nicht umsonst.

Positive Energie schafft positive Gedanken, positive Gedanken schaffen positives Verhalten und positives Verhalten schafft positive Erfahrungen.

Edgar Cayce (1877-1945) bezeichnete Gedanken als „ertastbare, feinstoffliche Formen von Materie". In Trance vermittelte er seinen Klienten, dass sie mit ihren eigenen Gedanken ihr Schicksal beeinflussen können. Cayce sagte: „In jedem Moment unseres Lebens schöpfen wir Bilder und Impulse, die unserer Zukunft Energie und Form geben."

Wenn jemand – aus welchen Gründen auch immer – das Vertrauen in das Leben oder in sich selbst verloren hat, ist alles, was oben angesprochen wurde, leichter gesagt als getan.

Emotionen (positive wie negative) sind nüchtern betrachtet nichts anderes als Botschaften. Wenn wir nicht darauf reagieren, stauen wir die emotionale Energie (bleibend) auf. Wenn wir unsere Gefühle zu lange zurückhalten, zum Beispiel, weil wir denken, dass es besser ist, Konflikten aus dem Weg zu gehen, bilden diese aufgestauten Emotionen schließlich eine „Geschwulst". Wenn wir die Energie auf unnatürliche Weise festhalten, bekommen wir eine unnatürliche Haltung: hängende Schultern, krummer Rücken und steife Finger, um nur einige Ausdrucksformen zu nennen. Menschen, die ständig ihre Gefühle negieren oder unterdrücken, leiden oft unter Verstopfung (man verstopft die wahren Gefühle) oder fressen sich selbst vor Nervosität auf (Nägelkauer zum Beispiel).

Viele der Konzepte, mit denen wir im NLP arbeiten, kommen aus alten Kulturen. Zum Beispiel modellieren Tim Halbomm und Suzi Smith einen Schamanen (Medizinmann), der mit Energie heilt.

Dieser Schamane betont, wie wichtig es ist, zwischen positiver und negativer Energie zu unterscheiden. Alles in dieser Welt ist das Resultat einer fortdauernden Wechselwirkung zwischen Gegensatzpaaren: Ohne Dunkelheit könnten wir das Licht nicht sehen, und ohne das Böse können wir das Gute nicht (er-)kennen.

Positive Energie gibt Energie, negative Energie nimmt Energie. Negative Energie kann schleichend eindringen. Um dem zuvorzukommen, ist es wichtig, sich über sich selbst und seine Umgebung im klaren zu sein. Das heißt, dass Sie ständig darauf achten müssen, was mit Ihrer Energie passiert. Wir können lernen zu erkennen, wenn unsere Energie auf eine Art und Weise gebraucht wird, die nicht zu uns passt, und wir können lernen, direkt darauf zu reagieren. So erkennen und schützen wir unsere Grenzen.

Meistens antworten wir auf negative Energie mit Negativität, etwa in Form von Kampf. Anstatt dagegen anzukämpfen, können wir aber auch lernen, negative Energie in positive umzuwandeln, indem wir anders mit ihr umgehen.

Der Schamane gibt folgendes Beispiel: „Eine Eule, die eine Maus sieht, denkt nicht: 'Bah, was für eine widerwärtige Maus, da sind Knöchelchen drin und Fell wächst darauf.' Nein, sie fängt die Maus, isst davon, was sie nötig hat, und was sie nicht gebrauchen kann, spuckt sie als Gewölle wieder aus." Auf dieselbe Weise können wir mit negativer Energie von Menschen und Ereignissen umgehen.

Da Gesundheit und Verhalten dicht beieinander liegen, geben wir Ihnen die Möglichkeit, die Ideen aus diesem Buch zu erleben. Wenn Sie mit einem Partner üben wollen, achten Sie bitte auf folgende Punkte:

• Geben Sie einander auf respektvolle Weise genügend Raum, um zu erfahren, was in Ihnen hochkommt.
• Unterstützen Sie sich gegenseitig.
• Erklären oder kritisieren Sie nicht, was ein anderer erlebt. Lassen Sie nicht den Therapeuten heraushängen, da Sie keiner sind.

- Sollten Gefühle oder Probleme auftauchen, die professionelle Begleitung erfordern, wenden Sie sich an einen entsprechenden Therapeuten.

In den Übungen werden Ihnen immer wieder die Ausdrücke „Anker" und „Ankern" begegnen. Im NLP gebrauchen wir das Ankern, um eine Verbindung zwischen einer Verhaltensweise und einem wiederholbaren Signal herzustellen. Wenn Sie zum Beispiel einen Polizisten mit erhobenem Arm (dem Anker) auf einer Kreuzung stehen sehen, halten Sie (automatisch) an. Wenn das Signal aktiviert wird, folgt automatisch eine bestimmte Verhaltensweise. Diese Kenntnis nützen wir im NLP, um mit Absicht ein Signal an eine Verhaltensweise zu koppeln. Auf diese Art können wir positive Verhaltensweisen auch in anderen Situationen anwenden.

Um möglichst effektiv zu sein, müssen „Anker" folgende Bedingungen erfüllen:

1. Der Reiz – der Anker – muss eindeutig sein und zu der Verhaltensweise, die Sie verändern wollen, passen. Der Anker kann visuell sein (die Geste des Polizeibeamten, der seine Hand als Stopzeichen erhebt); er kann kinästhetisch sein, das heißt, durch Berührung funktionieren (der Arm um die Schulter, der Sie beruhigt), oder er kann auditiv sein, also ein Klang (zum Beispiel die Pausenglocke, die daran erinnert, dass die Schulstunde zu Ende ist).

2. Achten Sie auf die Intensität der erlebten Erfahrungen. Je intensiver die Reaktion, desto besser ist der Anker.

3. Garantieren Sie die Reinheit Ihrer Reaktion, indem Sie dafür sorgen, dass Sie in einem assoziierten Zustand sind (das heißt: optimal im Verhalten).

4. Achten Sie darauf, dass Sie Ihren Anker im richtigen Moment setzen, also im vollständig assoziierten Zustand (am Höhepunkt der Erfahrung). Wenn Sie mit einer Person arbeiten, bei der Sie einen Anker setzen wollen, bitten Sie diese Person, Ihnen in dem Moment ein Zeichen zu geben (beispielsweise die Hand zu heben) in dem sie sich mitten in dieser Verhaltensweise befindet.

Zu Beginn ist es am einfachsten, kinästhetische Anker zu gebrauchen, da diese die obenstehenden Voraussetzungen am besten erfüllen. Üben Sie aber auch mit visuellen und auditiven Ankern, da diese gelegen kommen, wenn Sie sich nicht in direkter Nähe der zu verankernden Person befinden.

Übung: Ein positives Gefühl verankern

In dieser Übung arbeiten wir mit dem Aufrufen einer Emotion. Wenn wir im NLP das Wort Emotion gebrauchen, meinen wir damit nicht nur Emotionen wie Verdruss, Ärger oder Freude, sondern auch Gefühlserlebnisse wie Enthusiasmus, Neugier, Betroffenheit oder Selbstsicherheit.

1. Wählen Sie eine bestimmte Emotion aus, die Sie erfahren wollen.
2. Setzen Sie sich hin und legen Sie Ihre rechte Hand auf Ihren linken Arm.
3. Rufen Sie sich eine lebendige Erinnerung aus der Vergangenheit ins Gedächtnis, in der Sie diese Emotion erfahren haben. Sehen Sie, was Sie damals sahen, hören Sie, was Sie damals hörten, fühlen Sie, was Sie fühlten,

und prüfen Sie nach, ob Sie bei diesem Erlebnis irgendwelche Geschmacks- oder Geruchsempfindungen hatten.

4. Wenn Sie sich ganz und gar in diese Erfahrung zurückversetzt haben (vollständig assoziiert), kneifen Sie sich sachte in den Arm. Tun Sie dies ein paar Sekunden lang, während Sie in der Erfahrung verharren.

5. Lassen Sie Ihren Arm los. Verändern Sie Ihre Haltung oder gehen Sie ein paar Schritte. Setzen Sie sich dann wieder hin.

6. Legen Sie die rechte Hand genau wie zuvor auf den linken Arm und üben Sie den gleichen Druck aus. Wenn Sie den Reiz aus Schritt 4 gut verankert haben, sollten Sie sich unmittelbar wieder der dazugehörigen Erinnerungen/Emotionen bewusst werden.

Die folgenden Übungen geben Ihnen Gelegenheit, Ihre eigene Energie zu erfahren. Wenn Sie wollen, können Sie dabei auch das Ankern üben. Immer, wenn Sie eine angenehme Energie spüren, über die Sie öfter verfügen wollen, können Sie einen Anker setzen.

Übung: Die eigene Energie fühlen

1. Reiben Sie Ihre Hände eine Weile fest aneinander, als wollten Sie sie wärmen.

2. Halten Sie Ihre Hände aneinander, als würden Sie einen Tennisball festhalten.

3. Entfernen Sie die Hände nun ganz langsam voneinander und spüren Sie die Energie dazwischen.

4. Experimentieren Sie ein wenig, indem Sie Ihre Hände ganz langsam immer weiter auseinander bewegen. Wie lange können Sie die Energie fühlen? Sehen Sie etwas?

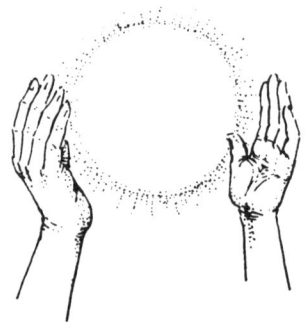

Die Energie fühlen

Wenn Sie diese Übung angenehm finden, können Sie in der folgenden Ihre Wahrnehmung um sich her ausbreiten lernen. Vielleicht sind Sie sich dessen nicht bewusst, aber Ihre Energie beeinflusst andere und reicht weiter, als Sie fühlen mögen. Erfahren Sie es selbst!

Übung: Die eigene Energie ausbreiten

1. Suchen Sie sich einen ruhigen Ort und schließen Sie die Augen.
2. Geben Sie sich genug Raum, um die Energie in sich selbst zu erfahren.
3. Breiten Sie Ihre Energie bis zur „Innenseite" Ihrer Haut aus.
4. Lassen Sie die Energie nun bis zur „Außenseite" Ihrer Haut vordringen.
5. Breiten Sie Ihre Energie jetzt über den Raum aus, in dem Sie sich befinden.
6. Kommen Sie zu sich und in einen Ihnen angenehmen Energiekreis zurück.

Für die folgende Übung brauchen Sie einen Partner, damit Sie feststellen können, ob Ihre Wahrnehmungen mit der Wahrnehmung anderer Menschen übereinstimmt.

Übung: Die Energie anderer fühlen

Arbeiten Sie mit einem Partner. Sie sind A, Ihr Partner ist B. Nach fünf Minuten tauschen Sie die Rollen. A steht hinter B und hält einen Abstand von ungefähr einer Armlänge.

1. B macht die Übung „Die eigene Energie ausbreiten".
2. A schließt die Augen und versucht, Bs Energie mit den Handflächen zu fühlen, ohne B anzufassen.
3. B ruft nun eine Emotion in sich auf (A weiß nicht welche).
4. A versucht zu erleben, was B erlebt.
5. Sprechen Sie miteinander über Ihre Erlebnisse. Tauschen Sie die Rollen.

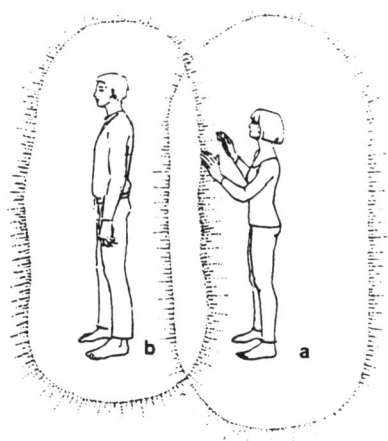

Die Energie des anderen

Manche Menschen können mitten in einer hitzigen Diskussion spontan in Gelächter ausbrechen, weil sie das Belustigende an der Situation wahrnehmen. Wenn sich unser Wahrnehmungsbereich von tiefer Betroffenheit auf etwas relativ Belangloses verschiebt, sind wir plötzlich in der Lage, die Dinge in einem anderen Licht zu sehen. Manche Menschen können das besser als andere, und nichts gibt, besonders in bedrückenden Situationen, mehr Auftrieb und neue Energie als ein spontaner Lachanfall. Lachen ist gesund (wie das Beispiel von Norman Cousins deutlich gemacht hat). Wenn wir unsere Gedanken verlagern (unsere Energie folgt der Richtung unserer Gedanken), verlagern wir auch unseren Wahrnehmungsbereich, wodurch sich die Wahrnehmung selbst verändert.

Es ist wichtig, dass wir uns unserer Art der Wahrnehmung bewusst sind und die Größe (frame-size) unserer Wahrnehmungen kennen. Jeder Mensch hat sein eigenes, absolut individuelles Modell von der Welt, das seine Seinsweise und sein Verhalten bestimmt. Das bedeutet, dass unser Erleben der Wirklichkeit subjektiv und einzigartig ist. Unsere Wahrnehmung der Wirklichkeit ist folglich nicht *die* Wirklichkeit.

Übung: Lachen

Diese Übung können Sie vor dem Spiegel oder mit einem Partner machen.

1. Nehmen Sie sich genügend Zeit und setzen oder stellen Sie sich ruhig hin.
2. Richten Sie Ihre Gedanken auf die Form einer liegenden Mondsichel.

3. Denken Sie an etwas, worüber Sie lachen oder schmunzeln müssen.
4. Stellen Sie sich vor, dass Sie die Mondsichel zwischen Daumen und Zeigefinger nehmen und diese lächelnden Lippen mit einem kleinen Abstand vor Ihren Mund halten.
5. Verbreitern Sie dieses Lächeln nun, breiten Sie es über Ihr Zimmer und die ganze Welt hinweg aus. Erfahren Sie, wie Sie sich nun fühlen.

Wenn Sie an ein schönes Ereignis denken, kann es passieren, dass „irgendwo in Ihnen" ein warmes Gefühl entsteht. Machen Sie sich diese Körperstelle bewusst, legen Sie eine Hand auf diese Stelle und breiten Sie dieses Gefühl aus, indem Sie die Finger spreizen. Denken Sie dabei an Menschen, die Sie mit offenen Armen empfangen.

5. ENTSPANNUNG UND VORSTELLUNGSVERMÖGEN

Einige der oben angeführten Übungen haben einen Einfluss auf das Vorstellungsvermögen. Aber was ist das genau?

Unser Vorstellungsvermögen ermöglicht es uns, mentale Bilder von Dingen zu erschaffen, die nicht wirklich da sind. Ein Beispiel hierfür ist das Träumen. Auch wenn unser Bewusstsein jede Nacht, während wir schlafen, abgeschaltet wird, bleiben bestimmte Gehirnfunktionen aktiv. Der Schlaf ist ein aktiver Prozess des Nervensystems. Sobald unser rationales Denken aufhört, werden wir von Bildern überflutet. Im Durchschnitt träumen wir im Laufe unseres Lebens mindestens dreihunderttausend Träume.

Im Dunkeln informieren unsere Augen die tief im Gehirn liegende Zirbeldrüse, eine biologische Uhr. Jede Nacht durchlaufen wir im Durchschnitt fünfmal einen Zyklus von ungefähr neunzig Minuten, in dem wir abwechselnd schlafen (non-REM-Phasen) und träumen (REM-Phasen). Die Schlafphase besteht aus vier Stadien, in denen wir zwischen verschiedenen Bewusstseinsebenen hin und her pendeln.

Die erste (Schlummer-)Phase dauert nur ein paar Minuten: Während des Einschlafens tritt Entspannung ein. Aufmerksamkeit und Willenskraft werden weniger, „sinnhafte" Gedanken gehen über in „sinnlose", die Muskelspannung lässt nach.

Die zweite (leichte non-REM-)Phase dauert ebenfalls einige Minuten: Die Augen bewegen sich langsam hin und her.

Die dritte (mitteltiefe Schlaf-)Phase dauert circa zehn Minuten: Der Körper entspannt sich noch mehr. Man wacht nicht mehr so leicht auf.

Während der vierten Phase (tiefer Schlaf, tiefste „Bewusstlosigkeit", Schnarchen) wird das Wachstumshormon aktiviert, das für Aufbau und Wiederherstellung nötig ist.

Danach folgt die Traumphase oder der REM-Schlaf (Rapid Eye Movement), in der sich unsere Augäpfel hinter den geschlossenen Augenlidern schnell hin und her bewegen. Dies ist ein Zeichen dafür, dass wir (lebhaft) träumen.

Möglicherweise erholt sich in dieser Phase das ermüdete Gehirn. Wenn Menschen im Laboratorium längere Zeit in ihrem REM-Schlaf gestört werden, hat das Reizbarkeit und Müdigkeit zur Folge.

Während die großen Körpermuskeln – durch das Gehirn gehemmt – dafür sorgen, dass unser Körper (wie gelähmt) liegenbleibt, entzieht die Hirnrinde unserem Gedächtnis Bilder, die dann zu Träumen werden. Jede Nacht organisieren unsere Träume unsere Erfahrungen so, dass zwischen unserer inneren (internen) und äußeren (externen) Wirklichkeit ein Gleichgewicht entstehen kann. Über die Bilder, die uns in der Nacht überfluten, haben wir in der Regel keinerlei Kontrolle.

Wir können aber auch völlig bewusst und kontrolliert Bilder vor unserem inneren Auge entstehen lassen, ohne dass der Gegenstand unserer Vorstellung konkret anwesend ist. Dies gilt zum Beispiel, wenn wir Pläne für unsere Ferien schmieden, oder wenn sich ein Bildhauer daran macht, eine Skulptur aus einem Stein zu hauen. Je detailreicher und deutlicher die Vorstellung ist, desto größer ist die Wahrscheinlichkeit, dass solche Vorstellungen Wirklichkeit werden.

Der Unterschied zwischen einem Traumbild und einer solchen Vorstellung ist, dass ersteres unbewusst ist.

Unbewusst bedeutet, dass etwas außerhalb des Bewusstseins abläuft, wobei die Möglichkeit, sich darüber bewusst zu werden, sehr wohl gegeben ist. Das Maß an Bewusstheit, mit dem wir die Welt im Laufe unseres Lebens erfahren, spiegelt sich in unserem bewussten – aktiven – Gedächtnis wider. Darunter „schlafen" – passiv – viele unbewusste Erfahrungen, die manchmal ganz spontan aufgerufen werden. Ein Ereignis, das wir vergessen glaubten, kann uns plötzlich wieder durch den Kopf schießen, und auch Erinnerungen, die wir vergessen wollten, können auf einmal wieder an die Oberfläche kommen.

Die Fähigkeit, Erinnerungen abzurufen, wird dadurch gefördert, dass man sich in einen konzentrierten Zustand versetzt (Meditation, Trance, Hypnose). Unser Gedächtnis ist in der Lage, „alle durch die Sinne übermittelten Erfahrungen eines Erlebnisses" zu speichern und zu bewahren. Wie Eisenspäne an einem Magneten, bleibt an jeder Erinnerung die zugehörige sinnliche Information haften. Wenn wir uns an unser Elternhaus zurückerinnern, können wir – wenn wir uns darauf konzentrieren – auf einmal wieder riechen, wie es (damals) dort roch, sehen, wie es dort aussah, und wir erfahren aufs Neue bestimmte intensive Kindheitserlebnisse, als ob es (für den Geist) keine Zeit gäbe. Es ist, als ob wir es eben erst erlebt hätten. Obwohl wir Tatsachen bewusst speichern und wieder abrufen können (oder lernen können, dies zu tun), haben wir auch über diesen Speicherprozess keinerlei Kontrolle.

Das Vorstellungsvermögen ist das Kommunikationssystem, das Körper und Geist verbindet. Es ist die (unbewusste und natürliche) Sprache (eines Großteils) unseres

Nervensystems. Indem wir diese Bild- und Symbolsprache verstehen lernen, können wir uns darüber klar werden, was in unserem Inneren abläuft. Wie wir später (in der Übung auf Seite 147) sehen werden, verhilft uns diese Fähigkeit dazu, mit unseren Beschwerden und Symptomen zu kommunizieren.

Obwohl die Vorstellungskraft seit Jahrhunderten in zahllosen Kulturen – auch zur Heilung – eingesetzt wird, ist diese energetische Kraft immer noch ein Mysterium.

Der Nobelpreisträger Dr. Roger Sperry (Californian Institute of Technology) zeigte, dass unser Gehirn aus zwei Hälften besteht, die auf verschiedene Art und Weise arbeiten. Die linke Hälfte denkt in Worten, logisch und analytisch, verarbeitet Informationen in der Reihenfolge des Eintreffens (sequentiell), begreift die Sprache und hat ein Auge für Details. In dieser Hälfte sind unser Sprachzentrum (und unser Schrift- und Zeitverständnis) und das Ich-Bewusstsein angesiedelt. In der rechten Hälfte, die alle Informationen gleichzeitig verarbeitet, sitzen die Gefühle (Emotionen), und dort befindet sich auch unsere Fähigkeit zur Orientierung und Synthese. Formwahrnehmung und Geräuschverarbeitung sind ebenfalls dort angesiedelt. Die verschwiegene, aber intelligente rechte Hälfte denkt in Bildern, Gefühlen und in großen Zusammenhängen, sie sieht das Ganze.

Martin L. Rossmann schreibt in seinem Buch *Die heilende Wirkung des Geistes*, dass die Fähigkeit, Verbindungen zwischen verschiedenen Ereignissen zu sehen, außerordentlich wichtig und wertvoll für den Heilungsprozess ist. Wenn wir verstehen, wie alles miteinander verbunden ist, begreifen wir auch besser, wie bestimmte Krankheiten mit bestimmten Ereignissen oder Gefühlen in Verbindung stehen. Diese Einsicht führt zur Neuorientierung und zu neuen Ideen und programmiert passende Lösungen.

Die meisten Menschen sind mit der Sprache der linken Gehirnhälfte besser vertraut: der Logik. Die meisten Werte unserer Gesellschaft liegen auf dieser Seite. Dennoch ist es wichtig, dass wir lernen, beide Gehirnhälften zu integrieren. Um diese Integration zu erreichen, müssen wir versuchen, beide Sprachen zu verstehen und nicht nur links oder nur rechts zu denken. Die Dualität unseres Denkens – und deshalb auch unseres Verhaltens – kann nur durch diese Verbindung aufgehoben (wieder in die Einheit gebracht) werden. Als Kind verfügen wir über die Fähigkeit, genauso intensiv in unserer Phantasiewelt zu leben wie in der täglichen Wirklichkeit, weil wir noch mit der Einheit in Kontakt sind. Je älter wir jedoch werden, desto weniger Gebrauch machen wir von diesen beiden Seiten unseres Wesens (oder wollen wir von ihnen machen). Menschen mit einem „Zuviel" an Phantasie (Vorstellungsvermögen) werden in unserer Gesellschaft als Träumer oder Spinner abgetan, als Menschen, die nicht mit beiden Beinen auf der Erde stehen.

Doch in dem Maße, in dem wir die Sprache unserer rechten Gehirnhälfte verlernen, verlieren wir (den wesentlichen Kontakt mit) uns selbst. Über unsere Vorstellungskraft halten wir Kontakt mit unserem Geist (unserer Seele) und mit den archetypischen Energien, oder – anders gesagt – mit unserem universellen (Ur-)Bewusstsein. Und genau diese Erfahrung innerer Verbundenheit führt zur Gesundheit.

Logisch begründete Diagnosen und Analysen (linke Gehirnhälfte) führen nicht immer und nicht unbedingt zur Heilung. Dass es wichtig ist, auch auf das zu hören, was die andere Seite unseres Gehirns zu sagen hat, wird auch an unserem Sprachgebrauch deutlich. Wir sagen: „Andererseits ist es so", „dem steht gegenüber", „von der anderen Seite betrachtet" und „so habe ich es noch gar nicht gesehen."

Auch wenn unser Vorstellungsvermögen an sich keine heilende Kraft besitzt, ist sein Beitrag zum Heilungsprozess sehr groß, weil es uns auf kreative Art und Weise Einsicht in die Ursache unserer Krankheit gewähren kann. In der Übung, in der wir lernen, mit unseren Symptomen zu kommunizieren (Seite 147), können Sie das selbst erfahren. Unsere Vorstellungskraft ermöglicht uns, Schmerzen zu vermindern und verschwinden zu lassen (denken Sie nur an eine Mutter, die ihrem Kind, das hingefallen ist, ein Küsschen auf das aufgeschürfte Knie gibt).

Unsere Vorstellungskraft kann uns helfen, unser inneres Potential in Form von Kreativität, Mut, Geduld, Durchhaltevermögen, Hoffnung und Liebe aufzuspüren oder wiederzufinden: Hilfsquellen, die wir nutzen können, wenn wir mit Krankheit (und Gesundheit) arbeiten. Mit unserer Vorstellungskraft können wir auch das „Gewicht" emotionaler Beschwerden reduzieren, besonders, wenn diese durch Spannungen erzeugt wurden. Mit Hilfe von *Visualisierungen* können wir aktiv an unserem Heilungsprozess teilhaben.

Während eines Workshops (von Tim und Suzi) berichtete ein Student, dass er den chronischen Schnupfen, der ihn seit Jahren plagt, inzwischen eigentlich mehr oder weniger akzeptiert habe, weil er „nun einmal zu ihm gehört". Ein paar Tage später, nachdem er die gelernten Visualisierungstechniken auch zuhause einige Male durchgeführt hatte, erzählte er, dass die Symptome plötzlich verschwunden seien und er sich großartig fühle. Es gibt noch viele Beispiele von Menschen, die auf diese Art und Weise schnelle Veränderungen im Bereich ihres Körpers oder ihres Verhaltens bewirkten. Es funktionierte aber nicht bei jedem. Während einer Langzeitstudie von über zwölf Jahren, in der Tim und Suzi untersuchten, warum manche Menschen mit Hilfe von Visualisierungen schnell gesund werden und andere nicht, entdeckten sie eine Anzahl bedeutsamer Unterschiede zwischen den Menschen. Dies sind die Bedingungen für die Effektivität von Visualisierungen, die sich aus ihrer Studie ergaben:

1. Das Erreichen von Ergebnissen, die mit dem Verlangen der Betreffenden und ihren angestrebten Zielen kongruent sind (zu hundert Prozent übereinstimmen).
2. Das Sammeln – mit Hilfe des geistigen Auges – von möglichst viel spezifischer Information über sich selbst und das angestrebte Ziel. Der Gebrauch von so viel spezifischen Details (Submodalitäten) wie möglich.
3. Die assoziierte Erfahrung des Zieles. Das heißt, dass sich die Betreffenden in Gedanken so intensiv wie möglich in ihr Ziel einleben, indem sie sich vorstellen, dass sie ihr Ziel sehen, hören, riechen, spüren und anfassen können. Die Erfahrung des Zieles mit allen Sinnesorganen. Das bedeutet, dass man sozusagen zum eigenen Ziel wird, und ist eine gute Möglichkeit auszuprobieren, ob das Ziel wirklich gut für einen ist.
4. Die Überzeugung, dass man das, wovon man will, dass es geschieht, auch zustande bringen kann.
5. Die Überzeugung, dass man das Ziel (den erwünschten Zustand) wert ist.

Die heilende Wirkung von Visualisierungen (oder Vorstellungen) wurde vor allem durch die effektive Methode bekannt, die Carl Simonton bei chronisch kranken Menschen und Krebspatienten anwandte. Visualisiert wird hier, dass die weißen, gesunden Körperzellen die „guten Jungs" sind und die Krebszellen die „schlechten". Das Ziel einer solchen Visualisierung – basierend auf dem Streit zwischen Gut und Böse – sieht so aus, dass die schlechten das Feld für die guten Jungs räumen müssen.

Leider basieren die Ansichten über das Immunsystem bisher immer noch auf der Vorstellung von Kampf. Wir raten bei der Anwendung dieser Methode zur Vorsicht und weisen darauf hin, dass die Simonton-Methode unter Umständen eine Metapher für innere Auseinandersetzungen werden kann und dass sie möglicherweise sogar zur Verschlimmerung eines inneren Konfliktes beiträgt. Es darf nämlich nicht vergessen werden, dass Krebszellen keine fremden Eindringlinge sind, sondern vielmehr „irregeleitete" Zellen, die in vielerlei Hinsicht mit gesunden Zellen identisch sind. (Bei einigen Experimenten schienen sich Krebszellen in Petrischalen manchmal wieder in gesunde Zellen zu verwandeln.)

Wenn Sie mit jemandem arbeiten, der Krebs hat, sollten Sie jeden Hinweis auf Streit vermeiden, da dies den Patienten veranlassen könnte, sich auf einen eventuell bereits bestehenden inneren Konflikt zu konzentrieren. Ziel der Visualisierungen ist, dass alle Elemente im Körper zusammenarbeiten, um ein Feld der Harmonie und des Gleichgewichts zu schaffen. Eine Alternative bietet Robert Dilts, der mit seiner Mutter arbeitete. Als sie Krebs hatte, visualisierte sie die weißen, gesunden Zellen als Schafe, die ein Feld abgrasten, auf dem viel Unkraut (Krebszellen) wuchs.

Das erwies sich als eine für sie wirkungsvolle Vorstellung. Vielleicht hilft sie auch Ihnen oder der Person, mit der Sie arbeiten. Machen Sie sich deutlich, dass Visualisierungen streng persönlich sind. Das bedeutet, dass sie zu Ihnen (oder zu dem Betroffenen) passen müssen. Je mehr der Betroffene selbst zum Erreichen des gewünschten Zustandes beiträgt, desto größer ist die Chance, dass dieser Zustand in Zukunft Realität wird.

Den bestmöglichen Eindruck des gewünschten Zustands bekommen Sie, indem Sie versuchen, ihn so intensiv wie möglich zu erfahren, indem Sie also sozusagen zu Ihrem Ziel „werden".

Bei einer totalen Erfahrung – einer inneren Vorstellung, die so vollständig wie möglich ist – werden nicht nur verschiedene Bilder oder Symbole heraufbeschworen, sondern auch Farben, Geräusche, Formen, Bewegungen, körperliche Empfindungen von Wärme, Kälte und Emotionen. Etwas fühlt sich glatt oder stachelig, weich oder hart an, und wir (unser Gehirn) interpretiert dieses Gefühl. Unsere Nerven sind informationssammelnde Werkzeuge.

Eine totale Erfahrung besteht aus sinnlichen Komponenten oder Modalitäten, und die fünf Sinne (oder das VAKOG-System) sind wieder in Submodalitäten oder Nuancen unterteilt.

Modalität: Submodalitäten
(V)isuell: Farbe, Kontrast, Ort, Abstand, Dauer,
      Helligkeit, Form
(A)uditiv: Tonhöhe, Lautstärke, Tempo, Rhythmus
(K)inästhetisch: Gewicht, Temperatur, Gestalt
(O)lfaktorisch (Geruch):   Geruchsintensität,
      Konzentration
(G)ustatorisch (Geschmack): Geschmacksintensität,
      Temperatur

Wenn wir uns bewusst Gedanken darüber machen, welche Elemente in einer totalen Erfahrung wichtig sind, wird deutlich, was genau wir erfahren. Auf diese Art und Weise entdecken wir auch die „Vorbedingungen" für ein bestimmtes Gefühl. Wenn wir wissen, welche Submodalitäten wir für ein Gefühl von Glück benötigen, können wir sie aufrufen, um dieses Gefühl zu schaffen.

Wir können Submodalitäten sowohl innerhalb als auch außerhalb unserer selbst erfahren. Eine bestimmte

Empfindung kann zum Beispiel hart oder weich sein (kinästhetisch). Oder ein Geräusch klingt (auditiv) hart oder weich. Aber auch eine Farbe kann hart sein (visuell).

Submodalitäten bestimmen die Details einer Erfahrung: dröhnende oder zart klingende Töne, knallrosa oder blassgelb gehaltene Farben oder etwas, das „wie ein Blitz" an uns vorbeischießt. All unsere sinnlichen Erfahrungen zusammen bilden die totale Erfahrung.

Wenn wir an irgend etwas denken, geht dies immer – wenn auch nicht bewusst – Hand in Hand mit dem „zugehörigen Bild", mit einer Vorstellung, wie flüchtig auch immer. Jede erfahrene Vorstellung ist eine Summe all dessen, was wir mit Hilfe der Sinnesorgane schon früher aufgenommen haben: was wir gesehen, gehört, gerochen, gekostet, gefühlt oder im Raum erfahren haben. Je mehr Submodalitäten wir aktivieren können, desto deutlicher wird die Vorstellung. Diese Art von Vorstellung kann uns helfen, Lösungen zu finden.

Wenn Sie entdecken wollen, aus welchen Komponenten eine Erfahrung besteht, können Sie sie sich als Foto denken, das Sie vergrößern, so dass Sie alle Details unter die Lupe nehmen können. Wenn Sie imstande sind, aus einer bestimmten Situation so viele Details wie möglich zu „destillieren", können Sie diese sozusagen auf ein Ereignis in der Zukunft projizieren, dessen Verlauf Sie noch nicht kennen. Auf diese Weise schaffen Sie die nötigen Bedingungen, um etwas, von dem Sie wünschen, dass es eintritt, wirklich geschehen zu lassen.

Stellen Sie sich eine Situation, in der Sie Stärke gezeigt haben, so lebendig wie möglich vor und erfahren Sie alle Submodalitäten. Diese sind Kraftquellen, die Ihnen (wieder) klar machen, dass Sie stark sein können, die Sie (wieder) fühlen lassen, wie Sie sich fühlen, wenn Sie stark sind, und die Ihnen (wieder) versichern, dass Sie es können.

Kraftquellen können von der Vergangenheit in die Zukunft befördert werden, indem man Erfahrungen ankert.

Manche Menschen sagen: „Ich kann einfach nicht visualisieren. Ich sehe nichts, ich höre nichts, ich fühle nichts." Mehr Information verhilft zu mehr Einsicht. Es ist ratsam, trotzdem zu üben, so dass Sie sich in jedem System sicher fühlen.

Übung: Visualisieren

Bitten Sie jemanden, Ihnen den folgenden Text ruhig und entspannt vorzulesen. Sie können den Text auch selbst (langsam) auf Band sprechen und anschließend abhören.

Stellen Sie sich vor, dass Sie an einem herrlichen, warmen ... strahlend schönen Sommertag ... schön entspannt ... am Strand liegen ...

Hören Sie das Geräusch, das die Meeresbrandung macht ... dicht bei Ihnen ... oder etwas weiter weg ... das Geräusch der Wellen ... und das des Windes ... und noch andere Geräusche ... vielleicht den Schrei einer Seemöwe ... oder die fröhlichen, hellen Stimmen spielender Kinder ... und vergessen Sie die Zeit ... während ... Ihre Finger sich langsam bewegen ... durch den warmen, weichen Sand ... und sie spielen mit all den feinen Steinchen ... die Sie wie Wasser ... zwischen den Fingern hindurchgleiten lassen ...

Und Sie riechen den salzigen Duft der Seeluft ... und vielleicht noch ... andere Gerüche ... und Sie haben einen salzigen Geschmack auf den Lippen ... das Salz des Meeres ... das Sie noch immer hören ... wie einen ständigen Rhythmus ...

Während Ihnen die Sonne warm auf die Haut scheint ... fühlen Sie, wie der Wind sanft über Ihr Gesicht streicht ...

und durch Ihr Haar ... ein zarter, kühler Wind ... in der Wärme ...

Und während die Kühle Ihre Haut streichelt ... spüren Sie ein Verlangen ... zu schwimmen ... und während Sie ... langsam Richtung Wasser gehen ... spüren Sie ... den warmen Sand ...

Und als Sie schließlich am Meer ankommen ... über den Sand, der durch die Brandung nass geworden ist ... fühlen Sie den nassen Sand zwischen den Zehen ... nicht weich ... und er hat eine andere Farbe ... er ist dunkler ... etwas gewellt ... Und wenn Sie merken, dass Sie auf diese Weise genug gelernt haben, um Ihre Sinne gebrauchen zu können ... können Sie ins Hier und Jetzt zurückkehren.

6. MIT ANDEREN ARBEITEN

Eine der wichtigsten Bedingungen für die Arbeit mit anderen Menschen ist, dass Sie *Rapport* herstellen. Wenn Sie in Rapport stehen, haben Sie das Gefühl, dass Sie beide auf derselben Wellenlänge sind, das Gefühl, dass der andere Sie wirklich versteht, und das ist wichtig für den Heilungsprozess, wenn Sie an Dingen arbeiten, die für Sie nicht einfach sind.

Um Rapport herstellen zu können, sollten Sie lernen zu *kalibrieren*. Der NLP-Ausdruck „kalibrieren" bedeutet wörtlich „eichen". Wir benutzen diese Technik, um uns per Vergleich ein brauchbares Bild von jemandem machen zu können, so wie ein Kilo immer mit dem Standardkilo verglichen wird, damit man sicher sein kann, dass das Gewicht korrekt ist.

Betrachten Sie die Person, mit der Sie arbeiten, so neutral wie möglich. Registrieren und speichern Sie diese (wahrgenommenen) Informationen. Es ist beispielsweise möglich, dass jemand eine (Augen-)Bewegung oder ein Geräusch (vielleicht ein Hüsteln) macht, das immer wiederkehrt, wenn er über dasselbe Thema spricht. Indem Sie all diese unbewussten, manchmal minimalen, Reaktionen (die mit einer spezifischen Gemütslage verbunden sind) wahrnehmen und speichern, können Sie sie wiedererkennen, wenn sie sich wiederholen.

Kalibrieren ist somit eine objektive Vorgehensweise, um Informationen zu sammeln, wobei es nicht Sinn der Sache ist, das, was Sie wahrnehmen, zu interpretieren. Diese Information repräsentiert lediglich den Zustand

74

(die Zustände), in dem (denen) sich die Person, mit der Sie arbeiten, befindet oder befunden hat. Menschen, die über sich selbst reden, sprechen, manchmal in der Gegenwart, dann wieder in der Vergangenheit oder der Zukunft, über ihr Verhalten und ihre Umgebung, über ihre Identität, ihre Überzeugungen und so weiter. Nehmen Sie so viel Sie können davon auf. Unterstützen Sie sich gegenseitig.

Es gibt keine Fehler, alles, was der andere von sich preisgibt, ist Information. Wenn eine Übung nicht gelingt, ist das ebensowenig ein Fehler. Sehen Sie es als Information, aus der Sie ableiten können, dass Sie bestimmte Dinge anders machen sollten.

Treten Sie so an den anderen heran, dass er bereit ist, Ihnen zu vertrauen, mit Ihnen zusammenzuarbeiten und die Anleitungen, die Sie geben, zu befolgen. Akzeptieren Sie ihn auf eine Art, dass er sich verstanden fühlt.

Wie wichtig Anerkennung ist, geht aus der folgenden Geschichte hervor. Aus zunächst ungeklärten Gründen wurden Kinder in der Spezialabteilung eines amerikanischen Krankenhauses schneller gesund als Kinder, die auf der normalen Kinderstation lagen. Schließlich entdeckte man, dass eine Putzfrau, die regelmäßig auf der Spezialstation saubermachte, den kranken Kindern auf vier verschiedene Arten, die unten aufgeführt sind, Anerkennung entgegenbrachte. Anerkennung zu erhalten bewirkt das Gefühl: „Der andere ist zufrieden mit mir, so wie ich bin. Ich bin ok. Ich darf ganz und gar ich sein." Verständnis wirkt heilend.

Wenn wir von anderen anerkannt werden, fühlen wir uns gesehen und verstanden. Gefühle des Verstehens stehen in krassem Gegensatz zu Gefühlen der Abweisung. Verstehen bedeutet: „Ich schätze deine Eigenschaften."

Dies sind die vier Ebenen, die wir in anderen (und in uns selbst) anerkennen können:

1. Fähigkeiten und Geschick (was jemand kann)
   „Oh, Sie können heute ja schon viel besser gehen als gestern!"
   „Das können Sie aber gut!"
2. Aussehen (äußerlich)
   „Was haben Sie für schöne Augen!"
   „Was haben Sie für ein liebes Lächeln!"
3. Charakterzüge (Eigenschaften)
   „Sie sind aber willensstark!"(mutig, fröhlich, diszipliniert, tapfer)
4. Einfluss auf andere
   „Sie sind ein Vorbild für andere."
   „Sie machen andere glücklich!"

Übung: (An-)Erkennen

(Allein oder mit Partner)
In dieser Übung können Sie entdecken, welche Seiten Ihrer Persönlichkeit Sie (an)erkennen.

1. Schreiben Sie Ihre besonderen Fähigkeiten; Ihre herausragenden Charaktereigenschaften; Besonderheiten Ihres Aussehens; die Art und Weise, in der Sie Einfluss auf andere nehmen, auf jeweils ein Blatt Papier und legen Sie diese vier Blätter im Kreis um sich auf den Boden.
2. Stellen Sie sich in die Mitte des Kreises.
3. Nehmen Sie sich Zeit, um in aller Ruhe nach Ihren Fähigkeiten zu forschen, und denken Sie an einen Moment, als jemand anders Ihnen bestätigt hat, dass Sie etwas Bestimmtes gut können.

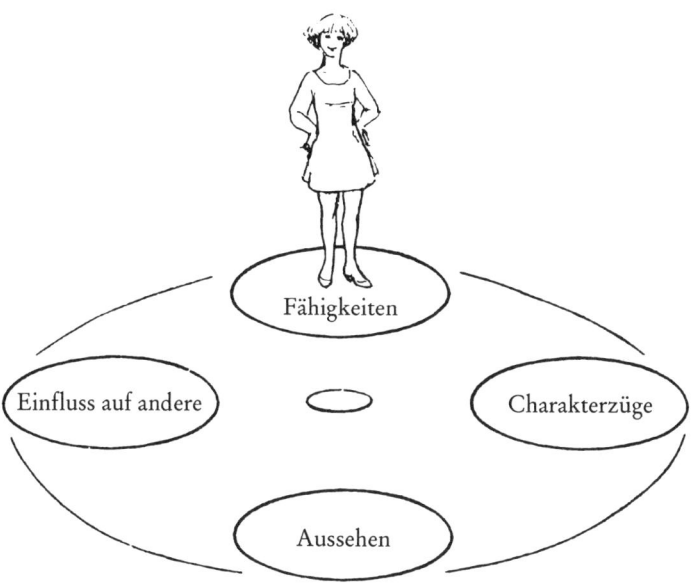

4. Lassen Sie diese Erkenntnis an sich herankommen.
5. Stellen Sie sich auf das Blatt, auf dem Sie Ihre Fähigkeiten notiert haben, und erfahren Sie, was Sie schon können.
6. Verankern Sie dieses Gefühl.
7. Treten Sie wieder in die Mitte und verfahren Sie mit den anderen Eigenschaften auf dieselbe Art und Weise.

Wenn Sie mit einem Partner arbeiten, ist es wichtig, die Eigenschaften des anderen (an-)zuerkennen. Werden Sie sich auch bewusst, auf welche Art Sie selbst mit Ihrer Energie im Raum anwesend sind. Wenn Sie bei sich selbst oder bei dem anderen negative Energie verspüren, sollten Sie sich überlegen, ob es wirklich gut ist, mit dieser Person zu arbeiten. Eine wichtige Bedingung für angenehmes Arbeiten ist, dass wir die Werte des anderen akzeptieren. Seien Sie ehrlich. Wenn Sie nicht in Rapport stehen, können Sie keine wesentliche Veränderung bewirken. Das Miteinanderarbeiten muss sich angenehm anfühlen.

Genauso wichtig für die Zusammenarbeit mit anderen ist unsere „Absicht" oder Intention. Unsere Kontakte zu anderen Menschen sind mit bestimmten Gedanken und Gefühlen verbunden. Manchmal haben wir zum Beispiel das vage Gefühl, dass jemand nicht ganz ehrlich ist. Wie entsteht so ein Gefühl und wie berechtigt ist es? Unser „Radar-Antennensystem" registriert, ohne dass wir uns dessen bewusst sein müssen, Körperhaltung, Gesichtsausdruck oder Gesten unseres Gegenübers, und diese unbewusste Information verursacht Reaktionen in uns. Unser Verstand hat oft die Tendenz, diese Art roter Lämpchen zu ignorieren und mit Kommentaren zu beschwichtigen, wie: „Sei doch nicht so argwöhnisch, du kennst diese Person doch überhaupt nicht." Es ist jedoch sinnvoll, sich zu fragen, was die Absicht des anderen sein könnte („Was will die Person von mir?"). Gleichzeitig ist es auch gut, sich der eigenen Absichten bewusst zu sein („Was will ich von dem anderen?").

Neben der Absicht oder Intention spielen Intuition und Instinkt eine Rolle für die Zusammenarbeit mit anderen.

Intuition ist ein Gefühl, das uns Informationen liefert über „etwas", das nicht klappt, über etwas, von dem wir „das Gefühl haben, es tun zu müssen", oder über „Dinge, die geschehen werden". Intuition ist kein bewusster (Denk-)Prozess, sondern eine Verkettung zahlloser innerer Prozesse. Intuition ist die integrierte, aber unbewusste Kenntnis all dessen, was wir im Laufe unseres Lebens (manche glauben, auch in früheren Leben) erfahren, wahrgenommen, aufgenommen und uns zu eigen gemacht haben. Dieses Wissen, das im Laufe der Zeit in unser Gehirn einprogrammiert worden ist, kommt klar zum Ausdruck in Aussagen wie: „Ich habe so ein Gefühl, dass ..."

Darüber hinaus verfügen wir über Instinkt. Instinkt hat mit unseren Überlebensstrategien zu tun. Der Instinkt verursacht instinktive Handlungen. Neugeborene Babys suchen instinktiv die Mutterbrust, Vögel fliegen im Herbst instinktiv in den warmen Süden. Woher wissen die Babys, dass sie saugen müssen, und woher wissen die Vögel, dass sie nach Süden fliegen müssen? Instinktives Verhalten entsteht aus unseren (überlieferten) Prägungen, aus den Blaupausen, die für jede Lebensform anders sind.

Wenn wir jemanden treffen, gegen den wir – scheinbar ohne Grund – Widerwillen verspüren, so ist dieses Gefühl eine instinktive Reaktion. Möglicherweise ähnelt diese Person jemandem, den wir früher nicht ausstehen konnten, oder jemandem, der uns etwas angetan hat. So können wir, sei es intuitiv oder instinktiv, fühlen, wenn jemand keine guten Absichten hegt. Auf dieselbe Art können wir uns instinktiv zu bestimmten Menschen hingezogen fühlen.

Vielleicht spüren Sie, dass Sie sich unwohl fühlen wenn Sie mit jemandem arbeiten wollen. Die folgende Übung kann Ihnen helfen, ein angenehmes Arbeitsklima herzustellen.

Übung: Ein angenehmes Arbeitsklima herstellen

Arbeiten Sie mit einem Partner. Lesen Sie die Übungsanweisung aufmerksam durch und nehmen Sie die einzelnen Schritte auf Band auf oder bitten Sie eine dritte Person, sie Ihnen vorzulesen.

1. Setzen oder stellen Sie sich, eine Armlänge voneinander entfernt, einander gegenüber, so dass Sie sich auch

anfassen können. Sehen Sie sich in die Augen und lassen Sie sich auf den anderen ein.

2. Sorgen Sie dafür, dass Sie sich wohlfühlen, und machen Sie sich bewusst, was Sie sehen, hören, riechen und wie Sie die Temperatur und Energie, die Sie umgibt, und Ihre eigene Temperatur und Energie empfinden. Erfahren Sie, dass Sie ein Mensch in einem Körper sind, auf diesem Planeten, in diesem Moment und in diesem Raum, während die Gegenwart ein Teil der Ewigkeit ist. Erfahren Sie, dass Sie beide in diesem Moment in diesem Raum anwesend sind.

3. Strecken Sie Ihre rechte Hand aus und nehmen Sie die rechte Hand Ihres Partners. Spüren Sie die Verbindung und erfahren Sie die Energie. In diesem Moment stehen Sie mit der Seele des anderen in Kontakt. Lassen Sie Ihre Hände wieder los.

4. Drehen Sie sich gegenseitig den Rücken zu und breiten Sie Ihre Wärme aus, ausgehend vom Hier und Jetzt über einen längeren Zeitraum hinweg … Konzentrieren Sie sich auf sich selbst, erfahren Sie sich selbst als einen Teil des Lebens. Erfahren Sie, wie Sie als Kind waren und wie Sie aufgewachsen sind. Fragen Sie sich auch: „Bin ich dieselbe Person wie noch vor zehn Jahren?" Fühlen Sie, dass Sie auf eine bestimmte Art immer noch Sie selbst sind, wenn auch als Zeitreisender. Werden Sie sich Ihrer Lebenszeit bewusst, sowohl der fernen Vergangenheit, wenn Sie wollen sogar der Zeit vor Ihrer Geburt, als auch der fernen Zukunft, einem Dasein, das jenseits dieser Welt liegt …

5. Fühlen Sie, dass Sie nicht ohne Grund hier sind, sondern dass Sie hier in diesem Körper eine Mission zu erfüllen haben. Fühlen Sie, dass Sie beide eine Mission zu erfüllen haben und dass sich die Ewigkeit durch Ihren Geist manifestieren kann.

6. Erfahren Sie Ihr wirkliches Ich. Erinnern Sie sich noch, wie Sie als Kind waren? Wie Sie spielten? Sicherlich haben Sie damals alles sehr intensiv erlebt. Ihre innere Erfahrung war sehr stark und voller Freude. Erinnern Sie sich an dieses Gefühl ...

7. Schließen Sie die Augen und drehen Sie sich jetzt wieder einander zu. Betrachten Sie sich mit anderen Augen. Geben Sie sich die rechten und danach die linken Hände. Berühren Sie einander mit Vertrauen und Liebe und teilen Sie diesen Moment miteinander. Lassen Sie dann wieder los, lassen Sie alles los und kommen Sie in die Gegenwart zurück.

Es gibt die Möglichkeit, Dinge (Menschen/Ereignisse), die wir als negativ erfahren haben, in einem neuen Licht zu sehen. Werden Sie sich darüber klar, dass Sie selbst die beste Quelle sind, die Sie dafür zur Verfügung haben. Der einzige Mensch, der Ihnen zu der Einsicht verhelfen kann, dass beispielsweise „die Kinderangst von damals" dafür gesorgt hat, dass Sie sehr vorsichtig waren, sind Sie selbst. Sie – als Erwachsener – sind der einzige, der „das Kind in Ihnen" davon überzeugen kann. Das Kind in uns lebt fort, und so, wie wir als Erwachsene dem Kind helfen können, hat das Kind uns als Erwachsenen viel zu geben. Unser inneres Kind kann uns Dinge erzählen, die wir vergessen hatten, unser erwachsener Teil kann dem Kind Dinge erklären, die es nicht verstanden hat. Dieser selbstheilende innere Prozess, den ausschließlich Sie selbst in Gang setzen können, beweist auf besondere Weise, wie einzigartig Sie sind. „Nur was jemand wirklich ist, hat heilende Kraft", sagt Carl Gustav Jung.

Jeder von uns ist das einzigartige Ergebnis des wunderbaren Prozesses namens Empfängnis, das Ergebnis eines Auswahlprozesses, in dessen Verlauf eine einzige (die stärkste und schnellste) Samenzelle und eine einzige (in diesem Moment fertige) Eizelle zusammenkamen, um den Anfang eines einzigartigen Lebens zu bilden. Sie sind einzigartig, jedes Geschöpf ist einzigartig. Der Tatsache, dass wir da sind, entnehmen wir unser Daseinsrecht. Sie und ich und jeder andere hat das Recht, da zu sein.

Es gibt nur eine(n) ... (fügen Sie Ihren Namen ein).

Lassen Sie diese Erkenntnis zu sich durchdringen, bis Sie das Leben in all Ihren Körperzellen spüren! Fühlen Sie, dass Sie leben. Sie leben nur einmal. Und selbst wenn Sie an Wiedergeburt glauben, Sie sind nur einmal so, wie Sie jetzt sind: ... (Ihr Name). Denken Sie daran: Heute ist der erste Tag vom Rest Ihres Lebens!

Um gesund sein zu können, brauchen wir Liebe und Anerkennung. Durch die Liebe füreinander können wir *über*leben und *zusammen*leben. Liebe existiert jedoch auf verschiedenen Ebenen. Es gibt einen Unterschied zwischen der anhänglichen und abhängigen Liebe, die wir als Kind für unsere Eltern empfunden haben, und der bedingungslosen Liebe, die sie uns schenkten. Wir kennen die Liebe aber auch als eine instinktive Anziehungskraft. Wenn wir verliebt sind, idealisieren wir beispielsweise das Aussehen, das enorme Wissen oder irgendeine andere Eigenschaft des geliebten Menschen. Wenn wir den anderen jedoch plötzlich nicht mehr durch die rosarote Brille betrachten, können wir die Erfahrung machen, dass er ganz anders ist, als wir dachten. Dann verwandelt sich unsere Begeisterung oft in Entgeisterung, Enttäuschung oder sogar in Hass.

Auf einer tieferen Ebene können wir Liebe erfahren, wenn wir unsere Überzeugungen und Werte teilen. Gute Beziehungen basieren nicht auf dem, was wir haben, sondern darauf, wie wir sind, in gegenseitigem Respekt füreinander.

Auf einer anderen Ebene gibt es die universelle, spirituelle Liebe, die alle irdischen Formen von Liebe übersteigt. Diese allumfassende, bedingungslose Liebe, die nicht aufhört zu bestehen, äußert sich in einem intensiven Bewusstsein von Verbundenheit miteinander und mit der Quelle, aus der wir kommen, in gegenseitigem Verständnis, in Akzeptanz, Fürsorge und Berührung. Diese höchste Ebene der Liebe ist die fundamentale Bedingung für Genesung und Heilung. Die Fähigkeit, (andere) zu heilen, entsteht auf dieser Ebene: nicht morgen, nicht gestern, sondern hier und jetzt.

Die medizinische Wissenschaft basiert sehr stark auf Fakten und logischen Folgerungen. Die stetig steigende Nachfrage nach ganzheitlichen Heilungsmethoden beruht wahrscheinlich größtenteils auf der Tatsache, dass dort „von Herz zu Herz" gearbeitet wird. Liebevolle Anerkennung und die Tatsache, dass man als Mensch ernst genommen wird, wirkt heilend.

Eine der Arten, wie wir unsere Zuneigung zeigen können, ist Berührung. Obwohl Berührung natürlich und fundamental ist, wird sie in unserer Gesellschaft oft als beängstigend erfahren. Während eines Seminars in einer Firma stellte sich heraus, dass circa achtzig Prozent der Anwesenden nicht angefasst werden wollten. Auf die Frage, warum nicht, sagten einige, dass sie „kein Bedürfnis danach" hätten. Viele Menschen haben – aus welchen Gründen auch immer – Angst davor, berührt zu werden, und finden es schwierig, Wärme und Liebe zu empfangen. Auf diesem Gebiet sind wir emotionale Analphabeten. Wir verstecken uns hinter unserer Haut.

Fragen Sie sich, wenn Sie miteinander arbeiten, ob es gut ist, dass Sie den anderen berühren, und respektieren

Sie eine abweisende Reaktion. Möglicherweise haben Sie selbst Schwierigkeiten mit Berührungen. In beiden Fällen ist es sinnvoll, darüber nachzudenken, warum Berührungen so schwierig sind.

Berührungen sind – für uns alle – fundamental. Nach Virginia Satir (einer bekannten amerikanischen Familientherapeutin) ist „Berührung notwendig, um sich sozial verbunden fühlen zu können". Als Baby werden wir in den meisten Fällen viel liebkost und gestreichelt. Kinder, die ohne Liebe und Berührung aufwachsen, sterben innerlich ab und werden zu Erwachsenen, die keine Liebe geben können, weil sie selbst nie welche bekommen haben. Aus Untersuchungen geht hervor, dass Affenbabys, die ohne die Wärme ihrer Mutter aufwachsen, langsam aber sicher verkümmern.

Um die Jahrhundertwende staunte man in Deutschland über etwas, das wir inzwischen für selbstverständlich halten: In den Waisenhäusern dieser Zeit wurden Babys – weil man dachte, dass dies das allerwichtigste sei – unter strikter Einhaltung der Uhrzeit gesäubert und gefüttert, aber nicht liebkost. In einem dieser Waisenhäuser wurden kranke Babys (die normalerweise wenig Heilungschancen hatten) wieder gesund, weil – das ist erwiesen – eine (!) liebe Pflegerin zärtlich zu ihnen war.

Wenn Sie das Gefühl haben, dass Sie in punkto Liebe zu kurz gekommen sind, sollten Sie versuchen, sich an die Zeit zu erinnern, als Sie noch klein waren und auf dem Schoß Ihres Vaters oder Ihrer Mutter saßen, oder sich vorzustellen, wie Sie als Baby das erste Mal angefasst und gefüttert worden sind. Wenn Sie Kinder haben, können Sie sich auch an den Moment zurückerinnern, als Sie Ihr (erstes) Baby in den Armen hielten.

Solange wir Kinder sind, haben wir meist keine Probleme damit, zu berühren und berührt zu werden, mit zunehmendem Alter gehen wir jedoch auf Abstand. Dass wir uns unverletzbar machen wollen, heißt noch lange nicht, dass wir kein Bedürfnis mehr danach haben, andere zu berühren oder berührt zu werden. Berührung ist letztlich eine Gefühlssache. Manche Menschen dürfen uns berühren, andere nicht.

Obwohl ein gut entwickeltes Selbstwertgefühl gegenwärtig auch gepriesen wird, dürfen wir in unserer Gesellschaft immer noch nur innerhalb gewisser Grenzen zugeben, dass wir etwas von uns halten.

Ist es nicht so: Wenn Sie über Ihre negativen Eigenschaften sprechen, werden die meisten Menschen sagen (oder denken): „Das ist jemand mit Selbsterkenntnis." Wenn Sie jedoch über Ihre positiven Eigenschaften reden, hören Sie schnell den Kommentar: „Eigenlob stinkt."

Viele Menschen sehen Eigenliebe als Eitelkeit oder Narzissmus an, und das ist auch kein Wunder, nachdem eine Generation nach der anderen uns eingeprägt hat, dass wir nichts besonderes sind. Da wir sehr früh lernen, dass andere wichtiger sind als wir selbst, werden wir oft zu Erwachsenen, die sich selbst „vergessen" und auf den letzten Platz stellen: Männer, die – ob sie an ihrer Arbeit nun Freude haben oder nicht – für das „tägliche Brot" sorgen müssen, und Frauen, die ständig damit beschäftigt sind, es allen recht zu machen.

Sich selbst zu lieben, sich selbst als einzigartig und der Mühe wert zu erfahren, ist die Essenz der Gesundheit. Das Ausmaß, mit dem wir uns selbst lieben, beeinflusst, ob wir gesund essen, genug schlafen, Sport treiben, angenehme Dinge tun und ob wir rauchen oder nicht. Wieviel uns das Leben bedeutet, spiegelt sich in unserer Lebensweise wider. Wenn wir uns selbst lieben, sorgen wir gut für uns. Und wenn wir das tun, fühlen wir uns wohl in unserer Haut und können anderen etwas bedeuten.

Manchmal müssen wir, um uns auf gesunde Art und Weise lieben zu können, bestimmte Dinge (zum Beispiel bestimmte Überzeugungen) ändern.

7. ÜBERZEUGUNGEN UND STRATEGIEN

Eine Überzeugung ist eine verallgemeinernde Auffassung, von der wir annehmen, dass sie wahr ist. Einige Überzeugungen vertreten wir enthusiastisch nach außen, andere spielen sich – wenn auch nicht bewusst – in uns selbst ab. Auch unbewusste Überzeugungen finden durch unser Verhalten einen Weg nach außen. Überzeugungen machen es möglich, eine Meinung zu haben.

Es ist wichtig festzustellen, wo unsere Überzeugungen herkommen. Im allgemeinen werden sie in der Beziehung zu Menschen, die uns wichtig sind, geformt. In unserer Jugend lernen wir, nach bestimmten Regeln zu leben, die auf Überzeugungen der Eltern, Großeltern, Lehrer, Brüder und Schwestern, Freunde, Geistlichen und so weiter basieren. Die politische und religiöse Überzeugung unserer Eltern werden wir lange Zeit als die einzig wahre erfahren, dasselbe gilt für ihre Überzeugungen, was sich gehört.

Manche Überzeugungen liegen tiefer als andere. Überzeugungen setzen sich auf unterschiedlichen Ebenen in uns fest, und zwar so, dass sie, wenn wir erwachsen sind, immer noch eine wichtige (oft unbewusste) Rolle in unserem Leben spielen. Obwohl Überzeugungen weniger angeboren sind als bestimmte Verhaltensweisen (in diesem Kontext gehen wir nicht auf die Verhaltensweisen aus früheren Leben ein), lernen wir sehr früh in unserem Dasein, welches Verhalten akzeptiert wird und welches nicht. (Siehe: Eric Berne, *Ich bin ok, du bist ok*.) Aus diesen Verhaltensnormen bilden sich Überzeugungen.

Viele unserer Überzeugungen sind von Generation zu Generation überliefert worden. Und ebenso, wie wir durch die Einstellungen unserer Vorfahren geprägt sind, geben wir viele dieser Überzeugungen unbewusst an unsere Kinder weiter. Auch Überzeugungen wie „Das liegt in der Familie" und „Das habe ich von meiner Mutter" sind Vorstellungen, die Sie aus der Familie, in der Sie aufwachsen, mitnehmen.

Robert Dilts und seine Mitautoren zeigen in *Beliefs, Pathways to Health and Well-being* auf, dass es drei Sorten von Überzeugungen gibt.

Es gibt Überzeugungen, die beispielsweise begründen, wie es kommt, dass jemand dick ist (das liegt in der Familie), raucht (seine Mutter rauchte auch) oder gut Klavier spielt (er hat so früh angefangen). Diese Art von Überzeugungen nennen wir „Überzeugungen aufgrund bestimmter Ursachen".

Andere Überzeugungen beschäftigen sich damit, was es bedeutet, dass jemand dick ist (essen aus Langeweile) oder raucht (um etwas „in der Hand zu haben"). Diese nennen wir „Überzeugungen aus bestimmten Gründen".

Überzeugungen, die erklären, warum man es zum Beispiel vorzieht, nicht abzunehmen (keine Willenskraft) oder mit dem Rauchen aufzuhören (zu nervös), sind „Überzeugungen aufgrund einer bestimmten Identität".

Überzeugungen spiegeln Wahrheiten und Gewissheiten wider, was nicht heißen muss, dass all unsere Gewissheiten auf Überzeugungen basieren. Dass wir atmen müssen, um am Leben zu bleiben, ist keine Überzeugung, sondern eine Tatsache. Hier können Sie das gleich ein wenig üben.

Übung: Fakt oder Überzeugung?

Rot ist eine Farbe.
Menschen mögen Blumen.
6 x 6 = 36.
Lehrerinnen sind besser als Lehrer.
Makkaroni sind lecker.
Türkische Frauen tragen ein Kopftuch.
Jeden Morgen geht die Sonne auf.
Zirkuskünstler leben gefährlich.
Alle Menschen sind gleich.

Übung: Wahr, nicht wahr oder teilweise wahr?

Frauen laufen schneller als Männer.
Arme Menschen sind arm, weil sie faul sind.
Alte Menschen sind langweilig.
Bauern tragen Holzschuhe.
Wenn Kinder geärgert werden, sind sie selber schuld.
Türkische Frauen tragen ein Kopftuch.
Was der Lehrer sagt, ist wahr.
Jeder kann Bürgermeister werden.
Dünne Menschen sind nicht gemütlich.

Neben den Überzeugungen, die wir mitgegeben bekommen, entwickeln wir im Laufe unseres Lebens aufgrund eigener Einsichten und Erfahrungen eigene Überzeugungen. Eine Überzeugung entsteht nicht urplötzlich aus dem Nichts, sondern ist eine Schlussfolgerung aus einem bestimmten Ereignis in einem bestimmten Kontext, die sich – aufgrund dessen, wie wir sie erfahren – fest in uns verankert. Manchmal sind Reaktionen von Menschen, die uns wichtig sind, bestimmend für das Entstehen von Überzeugungen.

Zum Beispiel können Sie Angst vor Hunden haben, weil Sie davon überzeugt sind, dass Hunde gefährlich sind. Falls Sie einmal von einem Hund angefallen oder gebissen worden sind, beruht diese Überzeugung auf eigener Erfahrung. Sie können die Überzeugung aber auch als Kind von jemandem übernommen haben, obwohl Sie selbst noch keine schlechten Erfahrungen gemacht haben. Je älter wir werden und je mehr wir lernen, unseren Verstand zu gebrauchen, desto mehr eigene Gedanken, Einstellungen und Überzeugungen entwickeln wir. Wenn wir lernen, unseren Verstand einzusetzen, nehmen wir nicht mehr alles kritiklos an. Dennoch bleiben viele alte und nicht-eigene Einstellungen an uns „kleben", ohne dass wir etwas davon mitbekommen. Manchmal ertappen wir uns, wie wir Überzeugungen äußern, die von unseren Eltern stammen. Dann wird uns plötzlich klar: „Oh, ich bin genau wie meine Mutter/mein Vater!"

Wenn Sie zum Beispiel als Kind von Ihren Eltern gelernt haben, dass Geld stinkt, ist die Wahrscheinlichkeit groß, dass Sie mit derselben Überzeugung aufwachsen, die folglich Ihre Einstellung zu Geld und Ihren Umgang damit bestimmen wird. Diese Art von unbewussten Überzeugungen können uns (aus scheinbar unverständlichen Gründen) daran hindern, etwas zu verändern. („Ich habe gar kein Interesse daran, reich zu werden.")

Einmal erwachsen geworden, können Sie durch eigene Einsicht – oder mit etwas Hilfe – entdecken, dass Geld „nicht immer stinkt", sondern auch angenehm und praktisch ist. Eine (alte) Überzeugung verschwindet oder nimmt eine passendere Form an, so dass Sie lernen, sie zu relativieren und die Kehrseite davon zu sehen. Falls Sie den Filter (oder die Scheuklappen) der Überzeugung, dass Geld stinkt, in „Geld stinkt manchmal" verändern können, werden Sie auch Ihr Denken und Handeln mitverändern.

Außer sich die Frage „Trifft das für mich zu?" zu stellen, sollten Sie sich auch über die Ursache Ihrer Überzeugung klar werden. („Das hat mein Onkel immer gesagt.") Indem Sie es so objektiv wie möglich nachprüfen, wird das Entstehen von Überzeugungen begreiflich. Fragen Sie sich:

1. Trifft diese Überzeugung (noch immer) für mich zu?
2. Warum hat diese Person das damals so gesagt?
3. Unter welchen Umständen kam er/sie zu
   der Überzeugung?
4. Was sagt das über ihn/sie aus?

Ein wichtiger Bestandteil von Veränderung ist unsere Überzeugung. Sie kann uns unterstützen oder behindern. Wenn wir auf die Sprache achten, die Menschen gebrauchen, können wir feststellen, dass die Wörtchen „aber" und „weil" eine Überzeugung ankündigen. Zum Beispiel: „Ich weiß, was ich erreichen will, und ich weiß, dass ich es kann, aber ...", „Ich will wieder gesund werden, aber ..." oder „Die anderen werden es lächerlich finden, weil ..."
Um den Weg zu unserem Ziel konsequent gehen zu können, müssen wir zuerst herausfinden, ob – und welche – Überzeugungen uns daran hindern, unser Ziel zu erreichen, und wir müssen feststellen, ob die Behinderungen vielleicht (unbewusste) Anstrengungen sind, uns zu schützen. Manchmal ist es ratsam, sich hierbei helfen zu lassen. Andere Menschen sehen die Dinge möglicherweise aus einer anderen Perspektive. Aus unserer eigenen Sicht können wir die Situation, in der wir uns befinden, oft nicht gut überblicken. Jemand, der außerhalb steht, kann das eventuell besser. Andere Menschen können uns auf Dinge hinweisen, auf die wir selbst nicht gekommen wären. Wenn wir einen anderen Blickwinkel

einnehmen, geht uns manchmal ein Licht auf: „Oh, so habe ich das noch nie gesehen, was für eine gute Idee!" Andere können uns einen Spiegel vorhalten. Diese anderen mögen Nachbarn, Freunde oder Freundinnen sein. Es geht dabei nicht um erlerntes Wissen, sondern um Erfahrungsschätze. Lebenserfahrung hat in diesem Zusammenhang einen viel größeren Wert als alles Wissen aus Büchern.

Manche Erlebnisse sind so intensiv, dass sie Jahre später noch so klar abgerufen werden können, als ob sie gerade geschehen wären. Meistens spielte dabei ein Mensch eine Rolle, der Ihnen sehr wichtig war. Manchmal war das Ihr Lebenspartner, es kann aber auch Ihr Vater, Ihre Mutter, Ihr Opa oder Ihre Oma gewesen sein. Wie auch immer, bei Ihnen hat das Erlebnis einen tiefen Eindruck hinterlassen.

Erfahrungen, die einen derart intensiven Eindruck hinterlassen, nennen wir Prägungen (Einprägungen). Oft werden in solchen Situationen behindernde Überzeugungen geschaffen, Überzeugungen also, die uns in Zukunft im Weg stehen.

So war zum Beispiel einer meiner Klienten davon überzeugt, dass er – in den Augen anderer – dumm und nichts wert sei. Er fand belesene Menschen arrogant: „Puh, da haben wir wieder so einen, der über alles Bescheid weiß!" Während einer Sitzung kam die Erinnerung an eine Lehrerin hoch, die immer gesagt hatte. „Von dir kommt nichts Vernünftiges, du kannst ja noch nicht mal lesen."

Wenn Sie als Kind Ihr Bestes geben, und dann so etwas zu hören bekommen, wird es Ihnen das Herz brechen. Es ist nicht schwierig, sich in die Lage dieses Kindes zu versetzen und zu begreifen, wie die Überzeugungen „Ich bin dumm", „Ich kann nicht lesen" und „Ich bin nichts wert" entstehen. Wenn ein Kind wieder und wieder zu hören bekommt, dass es dumm ist, wird es auf lange Sicht glauben, dass das stimmt.

Es ist auch verständlich, dass jemand, der sich im Laufe seines Lebens derartige Überzeugungen aneignet, Strategien entwickelt, um Menschen, die gut lesen können (und studiert haben), als arrogant abzustempeln. Das dient dazu, sich selbst aufzuwerten und auf eigene Weise überlegen fühlen zu können.

Wir wissen jedoch nicht immer, wie unsere Überzeugungen entstanden sind. Um Ihren eigenen Überzeugungen (oder den Überzeugungen anderer) auf die Spur zu kommen, können Sie sich die folgenden Fragen stellen:

1. Was muss für mich zutreffen, damit ich die Überzeugung X haben kann?
2. Was ist absolut notwendig, damit ich die Überzeugung X haben und das Verhalten Y zeigen kann?

Ein Beispiel: Um davon überzeugt zu sein, dass Sie Ihre Wäsche nicht draußen zum Trocknen aufhängen dürfen (Überzeugung X), müssen Sie es für absolut wahr halten, dass Ihre Privatangelegenheiten andere Menschen nichts angehen.

Manchmal kann so etwas zur Folge haben, dass Menschen nicht zu einem Therapeuten gehen. Ihre Überzeugung hindert sie daran.

Sie können entdecken, dass Sie die Überzeugung X von Ihrer Mutter übernommen haben und dass Sie selbst anders darüber denken, was sich im Verhalten Y äußert. Vielleicht lassen Sie sich ja von außen helfen.

Überzeugungen können sich auch überlappen. Die Überzeugung „Ich bin nicht wert, dass andere Menschen mir Aufmerksamkeit schenken" oder „Ich bin nicht gut genug" wird oft vermittelt durch „Man soll anderen Menschen nicht zur Last fallen".

Wenn die ursprüngliche Überzeugung zurückverfolgt und die Situation, in der sie entstanden ist, noch einmal durchlebt wird, können die ursprünglichen Gefühle wieder nach oben kommen und den Veränderungsprozess einleiten.

Sie werden feststellen können, dass Sie, wenn Sie eine tiefliegende Überzeugung verändern, auch auf die überlappende Überzeugung Einfluss nehmen.

Wenn wir von irgend etwas zutiefst überzeugt sind, nehmen wir alles, was im Zusammenhang mit dieser Überzeugung geschieht, als Beweis für diese Überzeugung. („Siehst du, ich habe doch gewusst, dass du das nicht kannst!") Überzeugungen sind Filter, durch die wir die Welt sehen. Wir erfahren und interpretieren alles, was wir erleben, durch unsere persönlichen und daher subjektiven Filter. Wir sieben aus, was von der Welt um uns herum zu uns durchdringt, und daher sagen unsere Überzeugungen eine ganze Menge über uns aus. Sie bestimmen, wie wir die Welt sehen, wie wir in der Welt stehen und wie wir handeln und reagieren.

Ein Beispiel für einen Filter: Sie haben gerade ein rotes Auto gekauft und sehen plötzlich überall neue rote Autos.

Jeder von uns lebt in seiner eigenen Welt. Wir können uns die Frage stellen, inwieweit wir in der Lage sind, unsere eigene Welt (Umgebung) zu bestimmen. Dem einen scheint das besser zu gelingen als dem anderen. Mit anderen Menschen zusammenzuleben und zusammenzuarbeiten ist eine große Kunst. Manchmal kann dabei das Gefühl entstehen, dass wir durch die Werte und Normen anderer bestimmt werden.

Wenn wir eine solche Situation durchbrechen wollen, müssen wir uns darüber klar werden, dass wir unsere

Umgebung (und die Menschen darin) nicht verändern können. Was wir aber sehr wohl tun können, ist, unser eigenes Verhalten – unsere Reaktion auf die anderen – so zu verändern, dass wir unsere Umgebung anders erfahren.

Das bedeutet nicht, dass wir uns – entgegen unserem Willen – anpassen müssen, sondern vielmehr, dass wir solche Situationen auf eine befriedigende Art und Weise verändern können, indem wir neue Reaktionen (ein anderes Verhalten) an den Tag legen. Wenn wir beispielsweise jahrelang mit aufgestauter Wut herumlaufen, weil es jeder für selbstverständlich hält, dass wir uns immer um alles kümmern, können wir Veränderung herbeiführen, indem wir deutlich machen, wo unsere Grenzen liegen. Unsere Umwelt wird möglicherweise bass erstaunt reagieren, doch das zeigt nur, dass sie anderes von uns gewöhnt ist.

Wie schon gesagt kann ein Ereignis – ein Ausspruch oder eine Meinung, die wir als sehr beeindruckend wahrnehmen – eine Prägung verursachen. Eine (behindernde) Überzeugung, die sehr stark in uns verankert ist, ist daher meistens während eines tief beeindruckenden Ereignisses entstanden oder von jemandem übernommen worden, der sehr wichtig für uns war.

Wenn das klar ist, müssen wir versuchen herauszufinden, welche positive Absicht die wichtige Person damals hatte. Das Suchen nach einer positiven Absicht ist sehr wichtig, damit wir unser Leben mit neuem Verständnis fortsetzen können, trotz Bosheit, Schuldgefühlen, Groll, Angst und so weiter.

Was könnte im Fall des Jungen, der von seiner Lehrerin zu hören bekam „Du kannst nicht lesen, von dir kommt nichts Vernünftiges", die positive Absicht der Lehrerin gewesen sein?

Sie könnte zum Beispiel gedacht haben, dass Kinder gut lesen können müssen, um sich durchzuschlagen, und der Ansicht gewesen sein, dass sie den Jungen durch diese Provokation zu mehr Eifer anspornen könne. Positive Absichten müssen dem Empfänger nicht immer positiv vorkommen.

Unsere Überzeugungen haben Einfluss darauf, wie wir uns selbst erfahren, und umgekehrt hat die Art und Weise, in der wir uns selbst erfahren, Einfluss auf unsere Überzeugungen. Wie sehen wir uns selbst, was finden wir bedeutend und was nicht und was ist uns am wichtigsten?

Auf die Frage „Wer sind Sie?" sind viele Antworten möglich. Wir können uns selbst zunächst als Mann oder als Frau wahrnehmen oder als Sohn oder Tochter von Herrn und Frau X. Wenn wir jedoch das, was wir erreicht haben, für das allerwichtigste halten, werden wir uns mit den Worten vorstellen: „Ich bin X, ich bin der Direktor von ..." (Ich bin, was ich erreicht habe.) Wir können uns selbst als einflussreich oder minderwertig erfahren, als mächtig oder unbedeutend. Überzeugungen über sich selbst rufen Verhaltensweisen hervor, die mit diesen Überzeugungen in Einklang stehen.

Ein Klient, der in seiner Jugend oft geärgert worden war und sich nicht wehren konnte, war zu der Überzeugung gelangt, dass er schwach und hilflos sei. Die Wahrscheinlichkeit, dass er dieses Bild von sich behalten wird, ist – wie wir gesehen haben – groß.

Wenn wir dagegen von unseren eigenen Fähigkeiten überzeugt sind, werden wir unsere Identität als etwas Positives erfahren. Überzeugungen, die uns selbst betreffen, haben mit der Bedeutung zu tun, die wir bestimmten Dingen geben, und mit dem Warum unseres Verhaltens. Zu unserem Selbstbild gehören auch unsere Grenzen, Werte und Normen. Es gibt Dinge, die wir aus dem

Gefühl heraus „Das ist nichts für mich, weil ..." nicht tun werden. Andere Dinge werden wir unterlassen, weil wir denken: „Das kann ich doch nicht, weil ..." Bestimmte andere Dinge werden wir hingegen erfolgreich durchführen können (weil wir das wollen), falls wir unsere Überzeugungen verändern. Fragen Sie sich:

1. Welche Überzeugung(en) führe ich an, um zu begründen, warum ich X jetzt nicht tue? (Beispielsweise: Ich kann das nicht, weil ich dumm bin.)
2. Welche Überzeugung(en) muss ich mir aneignen, damit ich X zufriedenstellend durchführen kann? (Beispielsweise: Es gibt immer jemanden, der mir das beibringen kann.)

Schreiben Sie diese Überzeugungen auf. Verändern Sie, was nötig ist.

Manche Menschen sind von ihren Überzeugungen derart eingenommen, dass sie jede Gelegenheit ergreifen, um ihre Sichtweise kundzutun: „Siehst du wohl, habe ich es nicht gleich gesagt?!" Mit Menschen, die unerschütterlich von etwas überzeugt sind, kann man schwerlich diskutieren. Solchen Menschen fällt es oft sehr schwer, anderen Meinungen offen und mit Respekt zu begegnen. Sie haben die Neigung, anderen ihre Ideen aufdrängen zu wollen, weil sie ja sowieso recht haben. Obwohl Überzeugungen keine Wahrheiten sind, werden sie oft als solche erfahren.
In ihrem Buch *Reframing* erzählen Bandler und Grinder die Geschichte einer Psychiaterin, die mit einem Patienten arbeitet, der unerschütterlich davon überzeugt ist, eine Leiche zu sein. Schließlich fragt die Psychiaterin: „Und, was meinen Sie, bluten Leichen?" Darauf antwortet der Patient ungehalten: „Jeder weiß, dass Leichen nicht bluten!" Die Psychiaterin greift nach einer Nadel und

sticht sie dem Patienten in den Finger, so dass ein Tropfen Blut hervorquillt. „Das gibt es doch nicht", ruft der Patient, „Leichen bluten doch!"

Manchmal haben wir die Neigung, unsere eigenen Überzeugungen als die Wahrheit zu erfahren und auf andere zu projizieren. Um zu verhindern, dass Helfende andere von ihrer Meinung zu überzeugen trachten, ist folgender Rat des indianischen Medizinmannes Lame Deer vielleicht nützlich: „Ein Medizinmann soll nicht den Wunsch haben, ein Heiliger zu sein. Er soll die Höhen und Tiefen, die Verzweiflung und das Glück, die Magie und die Wirklichkeit, den Mut und die Angst seines Volkes erfahren und fühlen können. Er muss so tief graben können wie ein Wurm und so hoch fliegen wie ein Adler. Wenn er das nicht alles erfahren hat, ist er kein guter Medizinmann.

Medizinmann zu sein ist, glaube ich, vor allem ein Bewusstseinszustand, eine Art, Dinge zu betrachten, die Erde zu sehen und zu begreifen, und es bedeutet, eine gute Nase und Verständnis für die Dinge zu haben, die um uns her geschehen." (Holger Kalweit, *Die Welt des Schamanen*)

Es hat sich gezeigt, dass Menschen, die positiv auf ein Placebo (ein eigentlich wirkungsloses Medikament) reagieren, von der Meinung des Arztes überzeugt sind und damit davon, dass das verschriebene Mittel hilft. Experimente haben sogar ergeben, dass Patienten nach einer Placebo-(Schein-)Operation, bei der nur die Brusthöhle geöffnet und wieder geschlossen wurde, das Gefühl hatten, ihre Angina sei verschwunden. Es gibt aber auch Nocebos: Mittel, auf die Patienten nicht reagieren, weil sie aufgrund von (manchmal unbewussten) Äußerungen ihres Arztes davon überzeugt sind, dass diese Mittel nicht viel Wirkung zeigen werden.

Wenn Sie die Überzeugung vertreten, dass Sie alles allein schaffen können, dann kann das – in dem Moment, in dem Sie sich überfordert fühlen – zu einem inneren Konflikt führen.

Widerstreitende Gefühle in uns selbst können zu einem inneren Konflikt, zu Zweifeln und mangelnder Entschlussfähigkeit führen. Während wir uns auf der einen Seite unabhängig fühlen, erfahren wir auf der anderen Seite Abhängigkeit. Gegenläufige Überzeugungen bilden Teilpersönlichkeiten in uns, die zu gegenläufigen Gefühlen führen. Eine Teilpersönlichkeit will zum Beispiel „faulenzen", aber ein anderer Teil „muss noch viel tun". Manchmal ist es, als sprächen verschiedene Stimmen zu uns. Eine Stimme sagt: „Ich will in Urlaub fahren", eine andere: „Das kannst du nicht machen."

Bestimmte Teilpersönlichkeiten können Ihnen das Gefühl geben, dass etwas in Ihnen selbst „gegen Sie" ist. Es ist wichtig, sich des Gegenteils bewusst zu werden: Nichts in uns ist gegen uns!

Wann immer ein Teil Ihrer Persönlichkeit meint, dass etwas nicht gut für Sie ist, sollten Sie diesem Teil – und der Überzeugung, die er hat – nachspüren, bis Sie verstehen, warum dieser Teil das sagt. Dies gilt für alle Teilpersönlichkeiten, die Zweifel und mangelnde Entschlussfähigkeit verursachen.

Es ist aber nicht nur wichtig, dass wir unsere Überzeugungen erkennen, wir sollten uns auch bewusst machen, wie wir Dinge tun, beziehungsweise, welche Strategien wir einsetzen.

Eine Strategie ist eine Verkettung von Verhaltensweisen, die ein bestimmtes Muster bilden, nach dem wir stets aufs Neue handeln. Alltägliche Verrichtungen wie Zähneputzen, Anziehen und Frühstücken erledigen wir meist nach einem festen Plan, in einer ganz bestimmten Reihenfolge.

Jeder von uns hat eigene Strategien: um abzunehmen, Kinder zu erziehen, so schnell wie möglich Essen zu kochen, Botengänge zu erledigen und so weiter. Wir bilden Strategien, um es uns so bequem wie möglich zu machen. Die Momente, in denen wir uns dessen bewusst werden, sind oft Momente, in denen wir „außer uns" sind, weil wir die Dinge nicht auf unsere eigene Art und Weise erledigen können.

Den größten Teil dessen, was wir tun, erledigen wir jedoch automatisch, also unbewusst. Manchmal können unbewusste Strategien uns das Leben schwer machen. Wenn wir uns unserer Strategien bewusst werden wollen, müssen wir uns damit beschäftigen, wie wir etwas tun. Fragen Sie sich:

1. Wie tue ich X (Aufräumen zum Beispiel)?
2. Was höre ich, was sehe ich, was rieche ich, was fühle ich, wenn ich mit X (Aufräumen) beschäftigt bin?
3. Welche sinnlichen Erfahrungen muss ich machen, und in welcher Reihenfolge, damit ich mich bei der Aktivität X (Aufräumen) wohl fühle?

8. DIE ZEITLINIE

Die Zeitlinie ist eine Linie, die Sie auf dem Boden visualisieren und als Metapher für Ihren Lebenslauf einsetzen können. Dabei sollten Sie folgenden Punkten Beachtung schenken:

1. Der *Stelle*, wo die Linie im Raum liegt.
2. Der *Länge* und der *Form* der Linie. (Verläuft sie gerade? In welcher Richtung liegt die Zukunft?)
3. Dem Ort, an dem Sie die *Gegenwart* und den Moment Ihrer *Geburt* markieren. Wieviel Raum lassen Sie der *Zukunft*?

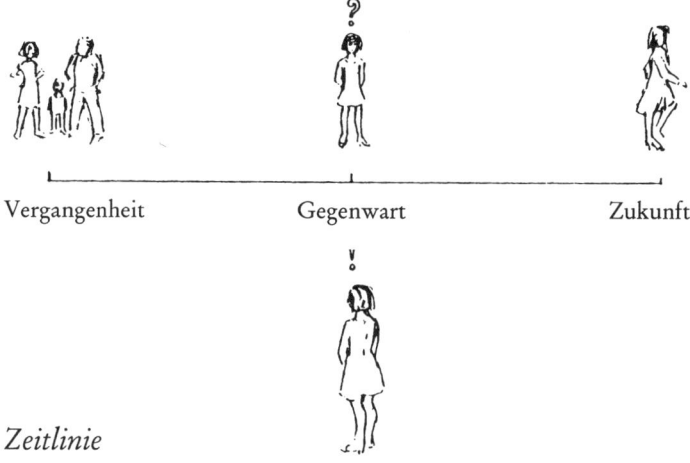

Zeitlinie

Sie können Ihre Zeitlinie darstellen, wie Sie wollen. Die einfachste Möglichkeit besteht darin, Ihre Geburt an den

Anfang zu setzen, aber im Prinzip ist der Anfangspunkt frei wählbar. Sie können bis vor Ihre Geburt oder sogar noch weiter in der Zeit zurückgehen.

Wenn wir zu unseren frühesten Erfahrungen zurückgehen, machen wir die Entdeckung, dass sich unsere ersten Überzeugungen schon in dieser Zeit gebildet und festgesetzt haben. Schon bei unserer Geburt haben wir unsere individuellen Charakterzüge, die – in Wechselwirkung mit den Erfahrungen während des Aufwachsens – unsere Filter bestimmen. Kinder, die in ein und derselben Familie auf dieselbe Weise erzogen werden, können sich vollkommen unterschiedlich entwickeln. Während das eine Kind eine unbeschwerte Jugend verlebt, erinnert sich das andere später mit Schrecken an diese Zeit zurück. So entwickeln wir persönliche Filter. Schon sehr früh erfahren wir (unbewusst), wodurch wir uns zu etwas hingezogen fühlen oder nicht, und was uns anzieht oder abstößt.

Wenn Sie Ihre Zeitlinie aufgezeichnet haben, können Sie in zwei Richtungen weiterarbeiten: 1. Von der Geburt bis in die Gegenwart und in die Zukunft, 2. Von der Gegenwart zurück zu Ihrer Geburt.

Arbeiten Sie mit Methode 1, wenn Sie sich eine Übersicht verschaffen wollen, und mit Methode 2, wenn Sie ein spezifisches Problem haben und wissen wollen, wo dieses Problem seinen Ursprung nahm.

Wenn wir während unseres Veränderungsprozesses mit anderen über ein Ereignis sprechen, tun wir das entweder *assoziiert* oder *dissoziiert*.

Wenn Sie assoziiert sind, heißt das, dass Sie sich vollständig in die Gefühle hineinversetzen, die Sie näher untersuchen wollen. Sie hören, was Sie damals hörten, und sehen, was Sie damals sahen, als ob Sie es jetzt gerade erfahren würden. Ein Ereignis assoziiert wiederzuerleben gibt Ihnen die Möglichkeit, alle Aspekte einer Situation so intensiv wie möglich zu erfahren. Der Sprachgebrauch von jemandem, der assoziiert ist, macht dies deutlich: „Ich bin ...", „Ich fühle ...", „Ich denke ..." Assoziierte Sätze sind immer im Präsenz formuliert. Daran können Sie erkennen, ob jemand wirklich assoziiert ist.

Dissoziiert sein bedeutet, dass Sie, losgelöst von Ihren Gefühlen eine Erfahrung von außen betrachten. Auf diese Art haben Sie die Möglichkeit, ein Erlebnis im Gesamtbild zu sehen und Situationen und Äußerungen von Menschen, die davon betroffen waren, anders wahrzunehmen.

Dissoziierter Sprachgebrauch ist unter anderem dadurch gekennzeichnet, dass Sie über sich selbst in der zweiten Person Singular sprechen, als „du". Auch im Perfekt oder Imperfekt formulierte Sätze weisen auf Dissoziation hin.

Es gibt *drei Positionen*, von denen aus wir mit der Zeitlinie arbeiten können.

In der ersten Position befinden Sie sich auf der Zeitlinie und sind persönlich von dem betroffen, was dort geschieht, in der zweiten Position erfahren Sie diesen Gesichtspunkt von Ihrem Gegenüber aus gesehen, und in der dritten Position beobachten Sie alle Parteien, die von dem Ereignis betroffen sind.

Stellen Sie sich vor, Sie würden in Spielbergs berühmtem Film „Der weiße Hai" mitspielen. Im folgenden Beispiel sind Sie jedesmal die Person, die angefallen wird, aber in der ersten Position fühlen Sie die Angst, die Sie hätten, wenn das alles Wirklichkeit wäre, in der zweiten Position – der Position des Hais – erfahren Sie, was der Hai fühlen könnte, und die dritte Position ist das Auge der Kamera, die sowohl Ihre Reaktionen als auch die des Hais festhält.

Jede Situation im Leben können Sie aus diesen drei Positionen betrachten. Mit Hilfe dieser Positionen gewinnen Sie Einsicht, und je mehr Einsicht Sie in die Situation haben, desto besser wissen Sie, ob Sie etwas verändern wollen, und wenn ja, was.

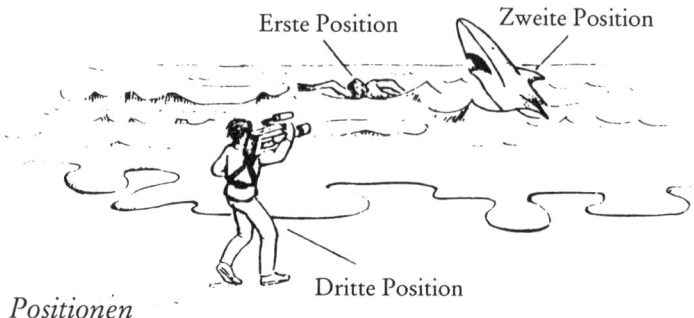

Positionen

Übung: Eine Lebenslinie schaffen

1. Stellen Sie sich eine auf dem Boden entlanglaufende Linie vor, die Ihr Leben widerspiegelt. In welcher Richtung liegt die Zukunft? Bestimmen Sie, wo sich Ihre Geburt und wo sich die Gegenwart befindet.
2. Visualisieren Sie alle Ereignisse in chronologischer Reihenfolge auf Ihrer Lebenslinie. Markieren Sie die Ereignisse, die möglicherweise schmerzvoll wiederzuerleben wären.

    All diese Vorbereitungen treffen Sie „außerhalb der Linie", als ob Sie ein Betrachter Ihres eigenen Lebens wären.
3. Um sich der Auswirkungen dieser Ereignisse in Ihrem Leben bewusst zu werden und sie zu erfahren, treten Sie in die erste Situation auf Ihrer Lebenslinie ein und schreiten von da aus die verschiedenen wichtigen Ereignissen Ihres Lebens ab.
4. Erfahren Sie diese Situationen so vollständig wie möglich, so dass Sie ihre Konsequenzen erkennen und

fühlen können. Wenn eine Erfahrung zu schmerzvoll ist, umgehen Sie dieses Ereignis, aber werden Sie sich des Einflusses bewusst, den es auf Ihr Leben hat.

Das Arbeiten mit der Zeitlinie macht deutlich, welchen Einfluss bestimmte *Ereignisse* in unserem Leben auf uns haben (oder hatten). Sie können Verbindungen feststellen zwischen Erfahrungen aus der Vergangenheit und der Art und Weise, wie Sie im Moment auf der emotionalen Ebene funktionieren. Es geht hier um die Verbindung zwischen einer Überzeugung, die damals entstanden ist, und den unbewussten Reaktionen darauf, die Sie heute noch an den Tag legen.

Auf der Zeitlinie ist es einfach und anschaulich begreiflich zu machen – und zu erfahren – dass alles, was in der Vergangenheit geschehen ist, sowohl die Gegenwart als auch die Zukunft beeinflusst. Das bedeutet, dass jede behindernde Überzeugung, mit der Sie nun „aufräumen" (oder die Sie verändern), neuen Raum für positive Energie in der Zukunft schafft. Je mehr Möglichkeiten Sie haben zu sehen, was hinter Ihnen liegt, desto mehr Möglichkeiten haben Sie auch, positive Veränderungen zu bewirken, und desto besser können Sie der Zukunft begegnen. Es ist wichtig, Einsicht in die Vergangenheit zu gewinnen, um einen neuen Start in die Zukunft wagen zu können.

Sie können auch mit *Überzeugungen* und/oder *Emotionen* auf der Zeitlinie arbeiten.

Wenn Sie mit einer *Emotion* arbeiten möchten, sind folgende Fragen möglich:

1. Welche(s) bedeutende(n) Ereignis(se) legte(n) den Grundstock für das Gefühl, das ich nun habe (niedergeschlagen, nervös, etc.)?
2. Wer oder was verursachte dieses Gefühl?

Um mit diesem Gefühl zu arbeiten, können Sie es verankern und auf der Zeitlinie zurückgehen, wobei Sie den Anker festhalten. Während Sie auf der Zeitlinie zurückgehen, werden Sie merken, dass Sie auf einmal (oder auch mehrere Male) den Wunsch verspüren stehenzubleiben, als ob Sie festgehalten würden. In so einem Moment ist es wichtig, dass Sie sich bewusst werden, was Sie festhalten will.

Werden Sie sich auch bewusst, wie Sie sich fühlen und wer Sie während dieser Erfahrung sind. Sie können zum Beispiel zu dem Zeitpunkt zurückkommen, als Sie als Sechsjährige(r) plötzlich umziehen mussten, oder zu dem Punkt, wo Sie als Achtjährige(r) hörten, wie Ihr Vater sagte, dass er weggehen wolle. Werden Sie sich in diesen Momenten sowohl der Situation(en) bewusst als auch der Menschen, die darin eine Rolle spielten.

Wenn Sie mit diesem spezifischen Anker die Zeitlinie entlanggehen, filtern Sie (gezielt) die Erfahrungen heraus, die mit diesen Emotionen zu tun hatten. So entstehen Assoziationsketten, durch die möglicherweise die unterschiedlichsten Emotionen hochkommen.

Eins wird allerdings auch deutlich werden: Sie werden nichts erfahren, das nicht gut für Sie ist. Ganz einfach deshalb, weil Sie das nicht wollen. Ihr Unbewusstes bringt schlechte Erfahrungen an die Oberfläche, die in Ihnen schlummern. Es bittet um Verständnis. Weiter oben haben Sie gelernt, dass Sie selbst bestimmen können, wie emotionsgeladen Sie ein Ereignis auf der Zeitlinie erleben wollen. Umgehen Sie das Ereignis, wenn es nötig wird. Wenn Sie nicht wollen, so brauchen Sie sich keiner unangenehmen Erfahrung auszusetzen. Wenn es Ihnen aber doch einmal nötig erscheint, nehmen Sie sich aus einer anderen Situation eine Kraftquelle (etwas, das Sie stark macht) an diese Position mit, zum Beispiel das verankerte Gefühl, dass Ihnen nichts etwas anhaben kann. Machen Sie mit sich selbst ab, dass Sie flexibel bleiben wollen, um in das Wiedererleben hinein- und auch wieder aus ihm hinaustreten zu können, wann immer Sie wollen. Manchmal stecken Sie so sehr in dieser oder jener (alten) Emotion fest, dass Sie das Gefühl haben, beinahe nicht mehr herauszukommen. Dann sollten Sie mit jemandem arbeiten, dem Sie voll vertrauen können. Es ist aber auch gut, wenn Sie es schaffen, allein herauszutreten.

Aus der dritten Position heraus können Sie mehr Informationen bekommen und sehen, ob die bewusste Emotion noch sinnvoll ist.

In der folgenden Übung werden Sie dem Ausdruck „Die Zukunft vorwegnehmen" begegnen. Dieser Prozess wird gebraucht, um sicher zu gehen, dass sich die von Ihnen gewünschte Veränderung in der Zukunft als gut erweisen wird. Wenn Sie die gewünschte Kraftquelle gefunden haben, ist es wichtig zu erfahren, ob und wie diese Ihnen in der Zukunft dienlich sein wird. Stellen Sie sich daher – so detailliert wie möglich – vor, dass Sie sich in der Zukunft in einer bestimmten Situation befinden, in der Sie diese Kraftquelle gebrauchen können, und assoziieren Sie sich mit der Situation. Entscheiden Sie, ob diese Kraftquelle auch dort – in der Zeit, an dem Ort – für Sie die richtige sein wird. Erfahren Sie, was sich dadurch in der Zukunft für Sie verändern wird und ob Sie vielleicht noch etwas anderes brauchen können. Gehen Sie alle zukünftigen Ereignisse durch, in denen Sie die neue Kraftquelle gebrauchen wollen.

Übung: Finden und Hinzufügen von Kraftquellen

Arbeiten Sie mit einem Partner.

1. Denken Sie an eine Situation, in der Sie nicht so willensstark waren, wie Sie hätten sein wollen.
2. Verankern Sie die Situation auf dem Boden (Problemort). Verlassen Sie diesen Zustand und begeben Sie sich an einen neutralen Ort. Testen Sie Ihren Problemort. Wenn Sie ihn gut verankert haben, kommen wieder genau dieselben Gefühle hoch, wenn Sie dorthin zurück gehen.
3. Fragen Sie sich, wie Sie in dieser Situation hätten reagieren wollen. Finden Sie eine Zeit und einen Ort in der Vergangenheit, wo Ihnen diese Verhaltensweise zur Verfügung stand.

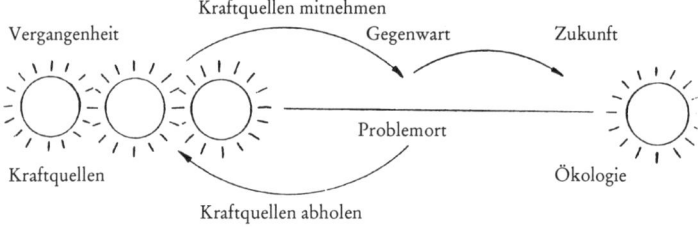

Kraftquellen

4. Verankern Sie diesen Zustand an einer anderen Stelle am Boden (Quellplatz). Verlassen Sie den Zustand, begeben Sie sich an einen neutralen Ort und testen Sie den Quellplatz.
5. Treten Sie auf den Quellplatz und bedienen Sie sich aller Möglichkeiten, die Sie – oder Ihr Partner – sich

nur ausdenken können, um sich die Kraftquelle zu eigen zu machen.

6. Nehmen Sie Ihre Zukunft vorweg. Nehmen Sie die Kraftquelle mit in eine Situation in der Zukunft, in der Sie meinen, sie gebrauchen zu können. Erfahren Sie, was sich dadurch verändert. Suchen Sie Kraftquellen, die gut zu der entsprechenden Situation passen.

Auch wenn Sie mit Emotionen arbeiten, können Sie plötzlich erkennen, zu welchen Überzeugungen bestimmte Ereignisse geführt haben. Wenn Mutter und Vater beispielsweise miteinander streiten, steht ein Kind machtlos – mit dem Gefühl, dass es nichts tun kann – dazwischen. In einer solchen Situation kann das Kind zu dem Schluss kommen: „*Ich* bin machtlos, *ich* kann nichts tun." Eine solche Überzeugung kann zur Folge haben, dass das Kind (der spätere Erwachsene) zum Beispiel in Konfliktsituationen nicht handelnd auftreten und schlecht mit der Situation umgehen kann.

So können Sie auf der Zeitlinie entdecken, dass eine bestimmte Überzeugung oder Emotion zu einer bestimmten Zeit und Situation gehört, die aber nicht länger aktuell ist. Und wenn Sie aus neuen Perspektiven (Positionen) neue Informationen erhalten und begreifen, wie sich die Sache wirklich verhält, können Sie die gewünschten Veränderungen herbeiführen. Was Sie heute verändern, verändert automatisch Ihre Zukunft.

Sie können auch erfahren, dass verschiedene Orte auf der Zeitlinie eine jeweils andere *Energie* oder *Farbe* zu haben scheinen. Manchmal sagt das etwas über Ihren emotionalen Zustand während dieses Zeitraums aus. Das Verändern einer Farbe bietet die Möglichkeit, Ihre Wahrnehmung von dem, was damals geschah, zu verändern. Sie können beschließen, einem bestimmten Zeitraum eine andere Farbe zu geben, aber das kann auch spontan geschehen.

Ich arbeitete einmal mit einer Frau, die lange Zeit sehr deprimiert gewesen war. Während der Arbeit auf der Zeitlinie bemerkte sie eine helle Stelle an dem Ort, wo sie an einer Veränderung gearbeitet hatte. Als sie die helle Stelle auf der Zeitlinie in die Zukunft ausbreitete, hatte sie plötzlich das Gefühl, als sei Ihr in der Zukunft viel (mehr) möglich. Sie sah „das Licht am Ende des Tunnels". So verändern Sie die Energie rund um ein Ereignis (oder sie verändert sich spontan).

Auf der Zeitlinie kann eine *Teilpersönlichkeit* von uns die Entdeckung machen, dass eine bestimmte Überzeugung in eine bestimmte Zeit und zu einer bestimmten Situation gehörte, nun aber ihren Wert verloren hat. Wenn es darum geht, zu einer Überzeugung zu gelangen, die jetzt besser zu uns passt, müssen sich alle Teilpersönlichkeiten über die Notwendigkeit und die ökologische Vertretbarkeit der neuen oder veränderten Überzeugung einig sein. Wir können nur etwas verändern, wenn wir hundertprozentig dahinter stehen.

Die folgende Übung gibt Ihnen die Möglichkeit, auf der Zeitlinie mit einer Emotion oder einer Überzeugung zu arbeiten und deren Hintergrund zu untersuchen.

Übung: Emotionen und/oder Überzeugungen auf der Zeitlinie

Arbeiten Sie mit einem Partner.

1. Finden Sie eine Emotion/Überzeugung, mit der Sie oft konfrontiert werden und die Sie verändern wollen.

2. Verankern Sie die Emotion/Überzeugung und treten Sie damit auf die Zeitlinie.
3. Gehen Sie assoziiert, während Sie Ihren Anker aktiviert haben, die Zeitlinie ab, bis Sie (intuitiv) spüren, dass Sie anhalten möchten.
4. Welches wichtige Ereignis hat an dieser Stelle Ihres Lebens stattgefunden? Welche wichtigen Personen waren davon betroffen?
5. Hören, sehen und fühlen Sie, was Sie damals erlebten.
6. Welche Schlussfolgerungen haben Sie aus diesem Ereignis gezogen?
7. Wer oder was verursachte diese Emotion/Überzeugung? Was war die positive Absicht? Um sie zu entdecken, müssen Sie möglicherweise in die Haut des/der anderen schlüpfen.
8. Passt die Emotion/Überzeugung (von damals) immer noch (sinnvoll) in Ihr Leben? Oder wollen Sie sie aufgrund dieser neuen Information verändern?
9. Was hätten Sie gebrauchen können, um mit der Situation besser umgehen zu können?
10. Verankern Sie diese Eigenschaft.
11. Gehen Sie nun mit dieser veränderten Überzeugung/Emotion zurück in die Gegenwart und erfahren Sie, was die Veränderung in der Gegenwart für Sie bedeutet. Beobachten Sie die Veränderung(en), auch die der Farbe.
12. Nehmen Sie Ihre Zukunft vorweg (siehe dort).

Stellen Sie sich eine neue Überzeugung/Emotion so lange vor, bis sie ganz zu Ihnen passt (jetzt und in der Zukunft). Außerdem sollten Sie Ihre Überzeugungen hin und wieder gründlich „ausmisten". Wenn sich herausstellt, dass noch mehr Veränderungen nötig sind, können Sie zu der „Geburtsstätte" Ihrer Überzeugung zurückgehen, um mehr Informationen einzuholen, so dass Sie einen neuen Rahmen schaffen können. Kontrollieren Sie die Ökologie der Veränderung und achten Sie auf ein mögliches Zaudern.

Ein Beispiel für das Arbeiten auf der Zeitlinie: Eine Klientin, nennen wir sie J., kam mit vielen Traumata und Phobien zu mir. Als Dreijährige hatte sie während des Krieges untertauchen müssen und schien aus dieser Situation folgende Überzeugungen gewonnen zu haben: „Man kann Menschen nicht vertrauen", „Nichts ist für immer", „Man wird dich immer wieder verlassen" und „Die Welt ist ein unsicherer Ort."

Diese letzte Überzeugung, die zur Folge hatte, dass sie sich auf eine bestimmte Art und Weise verhielt, um an diesem unsicheren Ort leben zu können, hatte sich ihr Leben lang nicht verändert. Es fehlte ihr einfach an ausreichenden ergänzenden Informationen, um sie verändern zu können.

Auf der Zeitlinie wurde deutlich, dass die Überzeugung „Die Welt ist ein unsicherer Ort" um ihr drittes Lebensjahr herum entstanden war. Das Verhaltensmuster, das J. aus ihrer damaligen Machtlosigkeit heraus als einziges zur Verfügung zu haben glaubte, war ein mentales, emotionales und physisches Um-sich-Schlagen – das einzige, was sie (damals) tun konnte, um sich zu verteidigen.

Wir schufen eine Kraftquelle für die kleine J., und zwar die erwachsene J. Die erwachsene J. war die einzige Person, die der kleinen J. garantieren konnte, dass sie ihr ganzes Leben lang, also immer, bei ihr bleiben würde und dass sie deshalb überleben würde; sie kam schließlich „aus der Zukunft" und wusste, dass die kleine J. überleben würde. Auf diese verhältnismäßig einfache Art entkräfteten wir die Überzeugungen „Man wird dich immer wieder verlassen" und „Nichts ist für immer". Für viele Menschen ist das „erwachsene Selbst" eine phantastische Kraftquelle.

Auf der Zeitlinie ging J. zurück zu dem Moment, in dem die Überzeugung „Die Welt ist ein unsicherer Ort" entstanden war. Doch nun war auf einmal die große J. da, um die kleine J. zu beschützen. Die kleine J. entspannte sich: „Nun ist es sicher."

Bedenken Sie, dass die erwachsene J. die einzige war, die sämtliche Bedingungen erfüllte, um als Kraftquelle dienen zu können.

Sobald J. wusste, wodurch ihre Traumata und Überzeugungen entstanden waren, hatte sie die Möglichkeit, ihrer Wahrnehmung dessen, was damals ihr Problem gewesen war, etwas hinzuzufügen.

Wie Sie gesehen haben, konnten wir in dieser Übung mit verschiedenen Überzeugungen auf einmal arbeiten.

Das Aufspüren des Ursprungs von Überzeugungen ist der erste Schritt, doch genauso wichtig ist das Aufspüren von positiven Absichten. Um auf J. zurückzukommen: Eines der traumatischsten Ereignisse während des Krieges, an das sie sich erinnern konnte, war das ständige Umziehen. Jedesmal, wenn die Deutschen ihr auf der Spur waren, musste sie wieder irgendwo anders hin. Dies war ihr Beweis für die Überzeugung „Die Welt ist ein unsicherer Ort".

Auf die Frage: „Was war die positive Absicht der zahllosen Untertauch-Adressen im Krieg?" fiel J. vor Fassungslosigkeit der Unterkiefer herunter: „Da gibt es keine!" Wie kann jemand glauben, dass eine positive Absicht dahinter stehen kann, wenn „einem Kind so oft das Gefühl der Sicherheit genommen wird?!"

In dem Moment jedoch, in dem sie mit Hilfe der zweiten und dritten Position buchstäblich ihren Standpunkt verändern konnte, wurde ihr plötzlich klar, dass das ständige Umziehen auch bedeutete, dass überall Menschen waren, die, ohne dass sie es bemerkte, an sie dachten, die Situation beurteilten, Maßnahmen ergriffen, wenn ihre Sicherheit bedroht war, und dafür sorgten, dass sie geschützt war. Nur so überlebte die kleine J. den Krieg.

Manche Probleme lassen sich durch mehr Einsicht lösen. Solange wir noch klein sind, können wir nur beschränkt begreifen, was vor sich geht. Ausreichende ergänzende Informationen veränderten in diesem Fall die Überzeugung „Die Welt ist ein unsicherer Ort" in „Manchmal ist die Welt unsicher, aber meistens gibt es Menschen, die dir dann weiterhelfen."

9. LEBENSGRAFIK

Es gibt Ereignisse, die unserem Leben eine bestimmte Wendung geben. Dies können freudvolle Momente sein, aber auch traumatische Erfahrungen. Jeder von uns wird beide Arten von Meilensteinen auf seinem Lebensweg entdecken.

Das Erkennen dieser Meilensteine gibt uns die Möglichkeit, auf unser Leben zurückzublicken und aus der Position des Außenstehenden Muster (eingeschliffene Verhaltensweisen, mit denen wir immer wieder auf bestimmte Dinge reagieren) zu entdecken, derer wir uns vorher nicht bewusst waren. Auf diese Weise erhalten wir eine Kette aus Meilensteinen: angenehme Momente, lehrreiche Momente, schmerzhafte Momente. Diese Art von Erfahrungen und die dazu gehörigen emotionalen und körperlichen Reaktionen nehmen wir mit auf unseren weiteren Lebensweg. Die meisten dieser Meilensteine sind verankert und wirken auch als Anker. Meistens handelt es sich um Ereignisse, die uns derart beeinflusst haben, dass wir in jeder ähnlichen Situation automatisch wieder so reagieren wie damals. Vor allem die in traumatischen Situationen erworbenen Reaktionen werden sich in der nächsten traumatischen Situation stets wiederholen. Es kann sehr behindernd sein, wenn „etwas in Ihnen" in jeder Situation, die auch nur ein wenig an früher erinnert, so reagiert: „Jedesmal, wenn etwas Schlimmes passiert, spüre ich dieselben Reaktionen wie damals. Dann krümme ich mich wieder vor Schmerzen und spüre wieder die Beklemmung in meiner Brust."

Wenn Sie alle wichtigen Ereignisse Ihres Lebens in die Grafik auf Seite 117 eintragen, haben Sie die Möglichkeit, Verbindungen zwischen den verschiedenen Bereichen Ihres Lebens zu erkennen. Sie können beispielsweise entdecken, dass Sie immer wieder – vielleicht alle zwei Jahre nach einem emotional unangenehmen (unverarbeiteten) Ereignis – eine körperlich spürbare Enge überkommt. Anhand der Grafik kann auch deutlich werden, wie Sie mit Ihrer Energie umgehen und was wirklich wichtige Eigenschaften sind, um sich zu verändern.

Nehmen Sie sich hierfür viel Zeit und arbeiten Sie sehr sorgfältig. Legen Sie zunächst eine Einteilung Ihres Lebens auf der ersten Zeile der Grafik fest. Notieren Sie anschließend stichpunktartig wichtige Ereignisse aus Ihrem Leben.

1. Emotionale Geschichte
   Notieren Sie, wann bestimmte Themen – emotional schwierige und angenehme Zeiten, Perioden, in denen Sie verärgert, depressiv oder fröhlich waren, und so weiter – eine Rolle in Ihrem Leben spielten.
2. Körperliche Geschichte
   Geben Sie hier wichtige Ihre Gesundheit betreffende Ereignisse an: Krankheiten, Operationen, Allergien, Gewichtsveränderungen, Veränderungen der Sehkraft und so weiter.
3. Persönliche Verdienste und Ereignisse
   Beschreiben Sie Ihre Verdienste, was Sie dank Ihres eigenen Einsatzes erreicht haben, wofür Sie selbst verantwortlich sind. Notieren Sie auch positive und negative Ereignisse, für die Sie nicht verantwortlich waren. Denken Sie an Ihre Ausbildung, Diplome, Umzüge, Auszeichnungen, Beförderungen, Arbeitsplatzwechsel, Entlassungen und so weiter. Es geht hier um Veränderungen, die Ihr Leben beeinflusst haben.

Lebensgrafik

	Emotionale Geschichte	Körperliche Geschichte	Persönliche Verdienste	Zwischenmenschliche Ereignisse	Historische Ereignisse	Lebensalter Jahreszahl

4. Zwischenmenschliche Ereignisse

Geben Sie an, welche wichtigen Ereignisse im Bereich menschlicher Beziehungen Ihr Leben beeinflusst haben: die Geburt einer Schwester, eines Bruders, eigener Kinder, Sterbefälle, Beginn und Ende von Freundschaften, Heirat und so weiter.

5. Historische Ereignisse

Notieren Sie besondere Ereignisse in der Welt (dem Land, der Stadt), die im Laufe Ihres Lebens Eindruck auf Sie gemacht haben. Sie können Einfluss auf Ihr eigenes Leben gehabt haben und/oder Ihnen helfen, die Erinnerung an die Atmosphäre dieser Jahre wieder wachzurufen (Kriege, die erste Mondlandung, Protestdemonstrationen und so weiter).

Wenn Sie damit fertig sind, können Sie sich mit der Übersicht über Ihr Leben auseinandersetzen und nachforschen, welche Verbindungen und Zusammenhänge Ihnen auffallen. Vielleicht entdecken Sie eine Verbindung zwischen ruhigen und hektischen Perioden und Ihren Beziehungen. Vielleicht entdecken Sie auch, dass bestimmte Ereignisse und Erfahrungen, die Sie in diesem Moment als negativ erlebt hatten, im Laufe der Zeit eine positive Auswirkung auf Ihr Leben hatten/haben.

Carl Gustav Jung sagte am Ende seines Lebens: „Nur die Erfahrungen zählen, nicht die Fehler."

Wenn Sie ein bestimmtes Muster oder Symptom näher untersuchen wollen, können Sie eine neue Karte anlegen, auf der Sie diese Periode – vielleicht die zwei Jahre bevor Ihre ersten Beschwerden ausbrachen – detailliert ausarbeiten. Fragen Sie auch Ihre Familienmitglieder und Freunde, an was sie sich erinnern können. Zum Beispiel:

Wann war ich so krank?

Wann wurde ich entlassen?

In welchem Jahr habe ich die Ausbildung abgeschlossen?

An was erinnerst du dich noch von dem schrecklichen Tag, an dem mein bester Freund starb?

All diese Erfahrungen sind von Bedeutung für Ihr Leben.

Den Ausdruck „umformen" gebrauchen wir, wenn wir einem bestimmten Verhalten oder Ereignis eine andere (neue) Bedeutung geben wollen. Wenn Sie beispielsweise lässig im Sessel sitzen und jemand Ihnen vorwirft, dass Sie faul rumhängen, können Sie entgegnen, dass dies bedeutet, dass Sie sich gut entspannen können.

Auf dieselbe Art können Sie zum Beispiel die (Dis-) Qualifikation „stur" umformen in „beständig"; die (Dis-) Qualifikation „herrschsüchtig" in „stark"; die (Dis-)Qualifikation „kritisch" in „aufmerksam".

Setzen Sie diese Technik nur ein, wenn Sie mit der Person, die Sie kritisiert, nicht übereinstimmen.

Umformen hat zum Ziel, dass Sie Ihrem Leben – oder bestimmten Aspekten Ihres Lebens – einen anderen Inhalt geben, indem Sie negative Erfahrungen in ein anderes, positiveres Licht rücken. Das Ergebnis des Umformens ist, dass Sie sich besser fühlen, weil Sie gelernt haben, den positiven Nebeneffekt eines negativen Ereignisses zu sehen.

Eine der Grundannahmen des NLP ist es, dass jedes Verhalten eine gute Absicht beinhaltet. Manchmal braucht man einen festen Willen sowie ein wenig Zeit und Anstrengung, um sie zu finden, denn wo soll man sie suchen? Und aus welcher Zeit mag die Absicht stammen? Von vor vierzig, fünfzig oder achtzig Jahren? Es ist möglich, dass Sie anhand Ihrer Grafik entdecken, dass Sie jetzt die Früchte von etwas ernten, das vor zwanzig Jahren geschehen ist. Die Mühlen der Zeit mahlen langsam, aber gründlich.

Während Sie lernen, die ursächlichen Verbindungen zwischen negativen und positiven Ereignissen zu erkennen, werden Sie entdecken, dass negative Ereignisse (wenn auch manchmal erst nach sehr langer Zeit) positive Folgen haben können. Manche Menschen, die vom Pech verfolgt sind, seufzen: „Es wird schon für irgend etwas gut sein." Das ist eine Einsicht, die auf Erfahrungen beruht und absolut wahr ist, nur sind wir oft nicht imstande, dies so wahrzunehmen, weil wir krank, verdrossen, böse oder enttäuscht sind.

Auf negative Ereignisse zurückblickend können wir fast immer feststellen, dass sie letztendlich doch zu einem guten Ergebnis geführt haben. Eine Scheidung ist beispielsweise ein negatives, unangenehmes Ereignis. Ein paar Jahre später jedoch sagen viele Geschiedene, dass sie nun froh sind, sich damals zu diesem Schritt entschlossen zu haben. Sowohl negative als auch positive Ereignisse verändern uns. Ohne diese beiden Pole zu kennen, könnten wir nicht wachsen. Außerdem: Ohne das Negative kann es das Positive nicht geben, und umgekehrt gilt das genauso. Alles, was Sie im Laufe Ihres Lebens gemacht haben, hat mehr oder minder starken Einfluss darauf, wer und was Sie heute sind.

Menschen, die hauptsächlich in der Zukunft oder in der Vergangenheit leben, sehen oft keinen Zusammenhang dazwischen. Doch nur wenn wir einsehen, dass wir aus der Vergangenheit lernen, das Gelernte in der Gegenwart anwenden und dass die gleichen Situationen auch in der Zukunft vorkommen können, macht das Zurückblicken in die Vergangenheit Sinn. Wenn wir nicht bewusst im Jetzt leben, können wir einer Menge Irrtümern aufsitzen. Das bedeutet: Wir können in allen möglichen Situationen landen, in die wir eigentlich gar nicht geraten wollten. Wenn wir nicht aufpassen (im Strassenverkehr zum Beispiel), bringen wir uns selbst in Gefahr. Wir werden vielleicht verletzt, verstoßen gegen die Regeln oder verirren uns. Auch können wir, wenn wir nicht wirklich im Jetzt leben, keine Verbindung zu der Welt und den Menschen um uns herum herstellen.

Manche Menschen „träumen ihr Leben" in der Zukunft („irgendwann wird es mir wieder besser gehen"), als ob das pure Vergehen von Zeit eine Garantie für automatische Verbesserung wäre. Diese Denkart (passive Hoffnung) kann dazu führen, dass Menschen viel zu lange im Alltagstrott, an einer Arbeitsstelle oder auch in einer Beziehung steckenbleiben, obwohl sie eigentlich schon lange wissen, dass es so nicht geht.

Zukunftsorientierte Menschen denken nicht mehr an die Vergangenheit. „Jede Situation ist neu und anders", „das mache ich beim nächsten Mal anders". Wenn wir die Vergangenheit in der Gegenwart nicht mehr zur Verfügung haben, sind wir gezwungen, unsere Fehler zu wiederholen.

Wieder andere Menschen, die in den Tag hinein leben, wollen gar nicht an die Zukunft denken: „Damit will ich mich nicht abplagen, ich lebe jetzt!", „Ich mache mir Gedanken, wenn es nötig wird" oder „Es geht ja immer irgendwie weiter."

Es ist jedoch möglich, Vergangenheit, Gegenwart und Zukunft auf sinnvolle Weise miteinander zu verbinden. Wir können zukunftsorientiert leben und uns dennoch in der Gegenwart bewusst sein, dass unsere Vergangenheit uns zu dem gemacht hat, was wir sind. Mit dieser Einstellung können wir uns bewusst (wissend, wer wir sind und was uns geformt hat) und mit einer vielversprechenden Zukunftsperspektive in der Gegenwart aufhalten.

Werfen Sie doch mal einen Blick auf Ihre Grafik. Können Sie bestimmte Verhaltensmuster bei sich entdecken?

Wenn Sie Ihre Grafik ausfüllen, ist es wichtig, sowohl die positiven als auch die negativen Erfahrungen aufzuführen. Ein Leben mit ausschließlich positiven Erfahrungen gibt es ebensowenig wie ein Leben mit ausschließlich negativen Erfahrungen.

Nutzen Sie die folgende Übung, um sich der Tatsache bewusst zu werden, dass alles, was Sie mitgemacht haben, Einfluss auf Ihr Leben hat.

Übung: Das eigene Leben umformen

Phase 1

1. Erkennen Sie die Muster in Ihrer Grafik: Stress und Krankheiten, Veränderungen in Freundschaften und Beziehungen und so weiter.
2. Spüren Sie die Überzeugungen auf, die Sie als Folge davon entwickelt haben.

Phase 2

3. Vergleichen Sie die negativen Erfahrungen mit etwas, das noch schlimmer gewesen wäre, aber nicht passiert ist. (Vielleicht entwickeln Sie ein Gefühl der Dankbarkeit dafür, dass Sie dem entgangen sind.) Zum Beispiel: „Die Operation war furchtbar schmerzhaft, aber hätte ich sie nicht machen lassen, wäre ich jetzt wahrscheinlich verkrüppelt."
4. Gehen Sie auf die Suche nach den ursächlichen Verbindungen zwischen negativen und positiven Ereignissen. Überlegen Sie, wie beispielsweise die Tatsache, dass Sie Ihre Stelle verloren hatten, dazu führte, dass Sie eine andere Arbeit gefunden haben, bei der Sie sich nun wie ein Fisch im Wasser fühlen. Und vielleicht gaben Krankheiten Ihnen auch die Möglichkeit, nachzudenken und

Ihr Leben zu verändern? Manchmal machen sich die Folgen (Kettenreaktionen) von Ereignissen auf kurze Sicht, manchmal aber auch erst auf längere Sicht bemerkbar. Fangen Sie mit positiven Ereignissen an, bevor Sie sich um negative Ereignisse kümmern. Entdecken Sie, wodurch sie verursacht werden.

5. Erkennen Sie die positive Absicht hinter negativen Ereignissen. Die zugrundeliegende Absicht einer Krankheit kann beispielsweise der Wunsch sein, einmal in der Hektik und Hetze eine Pause zu machen.

6. Finden Sie die positive Bedeutung, die hinter negativen Ereignissen steht. Manche Ereignisse können auf einer Ebene negativ sein, auf einer anderen jedoch einen Gewinn für Sie bedeuten. Der Moment zum Beispiel, als eine Freundschaft auseinanderging (negativ), weil Sie endlich gelernt haben, Nein zu sagen (Gewinn).

Wenn Sie alle negativen Ereignisse erkannt haben, können Sie sich auf der Zeitlinie mit allen bedeutsamen Ereignissen Ihres Lebens assoziieren, während Sie neue Einsichten integrieren. Nun können Sie sich selbst die folgenden Fragen stellen:

1. Welche Muster entdecke ich in meiner Grafik? (Beispielsweise: Immer, wenn ich X tue, werde ich krank.)
2. Welche Überzeugungen habe ich als Folge davon entwickelt?
3. Arbeiten diese Überzeugungen für oder gegen mich?
4. Finden Sie die positive Absicht.
5. Erkennen Sie einschränkende Überzeugungen.
6. Welche Ereignisse waren nötig, um auf die Spur (den richtigen Weg) zu kommen? Was hat das Universum – das Schicksal, oder wie auch immer Sie es nennen wollen – für Sie geschaffen (wonach haben Sie sich

gesehnt?), weshalb Sie nun tun (oder zu tun beginnen), was Sie wirklich wollen?

Es ist wichtig, dass Sie über genügend Informationen verfügen, um sich erkennen zu können. Auch hier können Sie mit Überzeugungen oder Emotionen arbeiten; der Prozess bleibt im Großen und Ganzen derselbe. Und auch hier ist die positive Absicht von Bedeutung.

Wenn Sie aus dem Obenstehenden genügend Informationen gewonnen haben, können Sie diese Erkenntnis verwenden, um auf der Zeitlinie die gewünschte(n) Veränderung(en) auszuarbeiten. Je deutlicher Sie diese vor Augen haben, desto größer ist die Wahrscheinlichkeit, dass Ihre Wünsche in Erfüllung gehen. Auch die folgende Übung kann Ihnen bei der Integration helfen.

Übung: Ein angenehmes Zukunftsbild gestalten

Diese Übung hat den Zweck, Ihnen zu verdeutlichen, was Sie benötigen, um Ihren (heutigen) Zustand in einen gewünschten Zustand überzuführen. Halten Sie sich immer vor Augen, dass Sie erreichen können, was Sie wirklich wollen.

Für den Fall, dass Sie die Übung mit einem Partner machen wollen, sind A und B angegeben.

Von dem Wissen ausgehend, dass Sie mit Ihrem gegenwärtigen Verhalten Ihre eigene Zukunft bestimmen, können Sie sich eine angenehme Zukunft schaffen, indem Sie Ihrem Leben eine positive Wendung geben.

Phase 1
Schaffen Sie ausgehend von einer dritten Position eine Zeitlinie.

1. Betrachten Sie sich selbst, wie Sie momentan sind, und plazieren Sie dieses Selbstbild auf der Zeitlinie.
2. Blicken Sie zurück auf sich selbst, wie Sie vor fünf Jahren waren: Wie sahen Sie damals aus, wie haben Sie sich verhalten, was für Fähigkeiten hatten Sie, wie sah Ihre damalige Umgebung aus und was waren Ihre Überzeugungen? Werden Sie sich bewusst, dass diese Aspekte Sie zu dem gemacht haben, was Sie heute sind.
3. Versetzen Sie sich nun in Gedanken fünf Jahre in die Zukunft und betrachten Sie sich, wie Sie dann wären, wenn Sie auf dieselbe Art weiterleben würden, wie Sie es jetzt tun. B fragt A: „Bist du zufrieden mit deinem zukünftigen Ich?"
4. B hilft A, das gewünschte Ich zu schaffen. Nehmen Sie gewünschte Beziehungen und Gewohnheiten (essen, schlafen, Sport treiben, Hobbys, Arbeit und so weiter) unter die Lupe. Schreiben Sie die gewünschten Gewohnheiten, Fähigkeiten und Überzeugungen auf (mindestens zehn).

Phase 2
Stellen Sie sich nun (assoziiert) auf die Zeitlinie.
5. Treten Sie auf den Platz Ihres zukünftigen Ich und erfahren Sie – mit all Ihren Sinnesorganen – den gewünschten Zustand so detailliert und so intensiv wie möglich.
6. Blicken Sie nun aus der Zukunft zurück in die Gegenwart und werden Sie sich bewusst, welche Schritte Sie unternommen haben, damit Sie den gewünschten Zustand erreichen konnten.

Stellen Sie sich selbst Fragen wie: Wie bin ich hierher gekommen? Wie bin ich geworden, was ich jetzt bin? Was habe ich dafür tun und was habe ich unterlassen müssen? Welche Überzeugungen musste ich verändern, um dies hier realisieren zu können? Was habe ich in den vergangenen fünf Jahren gelernt? Wie habe ich mich entwickelt? Was genau habe ich verändert?

Indem Sie die Unterschiede zwischen Ihrem alten Ich (von vor fünf Jahren) und sich selbst in der „zukünftigen Gegenwart" entdecken, können Sie sich darüber bewusst werden, ob es wirklich das ist, was Sie in den nächsten fünf Jahren erreichen wollen.

Phase 3

Betrachten Sie nun aus der dritten Position, wie sich das heutige Ich – aus der Gegenwart betrachtet – zum zukünftigen Ich entwickelt.

7. Treten Sie auf den Platz des heutigen Ich und blicken Sie von dort aus auf das zukünftige Ich. Machen Sie den ersten Schritt in diese Richtung, indem Sie ein Vorhaben formulieren, oder auch, indem Sie etwas Konkretes tun – wie klein es auch immer sein mag.

10. DIE RICHTIGE ZIELSETZUNG

Es war einmal ein Bauer, der hatte drei Söhne, die er sehr liebte. Er wurde älter und musste sich überlegen, welcher seiner Söhne das Land und alle Besitztümer erben sollte. Der Bauer beschloss, allen drei Söhnen dieselbe Chance zu geben, und nahm sie mit auf einen Acker. Dort sagte er ihnen, dass derjenige, der auf der geradesten Linie das andere Ende des Ackers erreichen würde, den Besitz erben sollte.

Der älteste Sohn begann zu laufen und blickte sich hin und wieder um, um seine Spur zu korrigieren. Der zweite Sohn entschloss sich, rückwärts zu laufen. Der dritte Sohn nahm einen Baum am Horizont ins Visier und lief direkt darauf zu.

Ein Ziel vor Augen zu haben liefert das beste Ergebnis. Das Setzen eines bestimmten Zieles kann viel Zeit sparen. Ein Ziel, das deutlich umschrieben und aufgeschrieben ist, hat die besten Voraussetzungen, verwirklicht zu werden. Manchmal setzen wir uns ein Ziel, vergessen aber, wo wir angefangen haben, und haben daher keinen Maßstab, um unseren Fortschritt bestimmen zu können. Ein Fall aus meiner Praxis kann hier als Beispiel dienen.

Ein Mann, der an Asthma litt, hatte das spezifische Ziel, seinen Inhalator weniger gebrauchen zu müssen. Um feststellen zu können, was „weniger" bedeutete, musste ich herausfinden, wie oft er den Inhalator gegenwärtig benutzte. Das schien einundzwanzig Mal pro Tag der Fall zu sein. Als der Mann nach ein paar Wochen wiederkam, lautete meine erste Frage: „Und, wie geht es?" „Nicht so gut", antwortete der Klient, woraufhin ich meine Frage spezifizierte: „Wieviel Mal pro Tag haben Sie Ihren Inhalator in der letzten Zeit verwendet?" „Sechsmal", antwortete er. Wir brachen beide in Gelächter aus.

Hätte ich nicht genau nachgefragt, wie oft er den Inhalator gebrauchte, hätte ich keinen objektiven Maßstab gehabt, um seinen Fortschritt zu messen.

Wenn Sie auf ein Ziel blicken, als ob es noch weit weg wäre, ist es schwierig, konkrete Informationen darüber zu sammeln. Wenn Sie sich jedoch mit dem Ziel verbinden, indem Sie einen assoziierten Zustand erreichen, ist es Ihnen plötzlich gut möglich, spezifische Informationen zu sammeln.

Wir nennen dies das Als-ob-Spiel. Jeder kann es spielen; es gibt nur Gewinner, keine Verlierer. Die Teilnahme kostet nichts, und Sie können aufhören, wann immer Sie wollen. In dem Als-ob-Spiel tun Sie so, als ob Sie das Ziel schon erreicht hätten. Sie nehmen wahr, wie die Welt um Sie her aussieht und womit Sie beschäftigt sind, Sie hören die Geräusche, die dazugehören, und Sie können sich gefühlsmäßig vollkommen mit dem verbinden, was Sie erleben. Jede Frage, die Sie nun Ihr Ziel betreffend stellen, sollten Sie aus diesem assoziierten Zustand heraus konkret beantworten können. Der Preis, den Sie gewinnen, wenn das Ziel wirklich genau zu Ihnen passt, besteht in einer großen Vielfalt von Informationen über den Weg zu Ihrem Ziel. Wenn sich herausstellt, dass das Ziel eigentlich gar nicht richtig zu Ihnen passt, dann ist der Preis, dass Sie das schon jetzt herausgefunden haben.

Halten Sie sich nun ein Ziel vor Augen, das Sie erreichen und für dessen Verwirklichung Sie Kraftquellen nutzen wollen. Assoziieren Sie sich mit Ihrem Ziel. Prüfen Sie, ob Ihre Zielsetzung die folgenden vier Voraussetzungen erfüllt.

1. *Das Ziel sollte positiv formuliert werden.* Halten Sie sich ein Ziel vor Augen und untersuchen Sie die Zielsetzung auf Worte, die eine Verneinung oder ein Ausweichen kennzeichnen (aufhören, vermeiden, beenden usw.). Wenn Sie Ihr Ziel in Form von „etwas nicht wollen" oder „etwas vermeiden wollen" formuliert haben, stellen Sie sich die Frage: „Was soll ich statt dessen tun?" Zum Beispiel könnte das Ziel sein: „Ich möchte lernen, mir jedesmal ein Kompliment zu machen, wenn ich etwas Gutes tue." „Ich will nicht mehr von der Unterstützung anderer abhängig sein" ist kein positiv formuliertes Ziel; „Ich will mein eigenes Geld verdienen" dagegen sehr wohl.

2. *Das Ziel sollte für Sie erreichbar sein.* Das bedeutet in diesem Zusammenhang: Machen Sie das Ziel unabhängig von anderen. Ein Ziel wie „Ich möchte, dass Peter mehr Geld verdient" liegt nicht in Ihrer Reichweite. Dasselbe gilt für „Ich will, dass er mehr Zeit für mich hat." Natürlich können dies auch Ihre ehrlichen Wünsche sein, aber es gibt einen großen Unterschied zwischen dem Erkennen von Wünschen und der Formulierung von Zielen.

3. *Das Ziel sollte ökologisch vertretbar sein.* Das bedeutet: Das Ziel sollte das Wohlbefinden Ihres gesamten Wesens unterstützen.

4. *Das Ziel sollte mit Hilfe der sinnlichen Wahrnehmung erfassbar sein.* Wenn das nicht möglich ist, wie wollen Sie dann feststellen, ob Sie Ihr Ziel erreicht haben? Konkret heißt das, dass es möglich sein muss, jemand anderem genau zu sagen, auf welche Art Sie feststellen wollen, dass Sie Ihr Ziel erreicht haben. Wie werden Sie gehen, wie werden Sie stehen, wie werden Sie sich fühlen, was

werden Sie tun? Wenn Sie das sagen können, haben Sie einen guten Maßstab, um Ihren Fortschritt zu messen.

Ein guter Ansatz, um alle oben genannten Bedingungen zu erfüllen, besteht darin, durch Fragen detaillierte Informationen zu sammeln. Stellen Sie sich die folgenden Fragen und überlegen Sie, warum Sie sie stellen.

1. Was will ich?
   Achten Sie bei der Beantwortung dieser Frage auf Ihren Sprachgebrauch. Haben Sie Informationen weggelassen? Prüfen Sie auch, ob Sie die Bedingung, dass das Ziel positiv formuliert sein muss, erfüllt haben.
2. Wie werde ich wissen, dass ich mein Ziel erreicht habe?
   Hier überprüfen Sie, ob es Ihnen möglich sein wird, mit Hilfe Ihrer Sinne wahrzunehmen, dass Sie Ihr Ziel erreicht haben.
3. Wie können andere erkennen, dass ich mein Ziel erreicht habe?
   Indem Sie diese Frage beantworten, stellen Sie fest, auf welche Weise andere erkennen werden, dass Sie Ihr Ziel erreicht haben.
4. In welcher Form will ich mein Ziel (nicht)? Wie, wo und warum nicht?
5. Was habe ich davon, dass ich mein Ziel im Moment noch nicht erreicht habe?
   Es kann anscheinend auch Vorteile haben, wenn ein Ziel unerreicht bleibt.
6. Warum will ich dieses Ziel erreichen?
   Was ist Ihr Motiv für das Erreichen Ihres Zieles?
7. Woher weiß ich, dass dieses Ziel der Mühe wert ist?
8. Was wird sich in meinem Leben verändern, wenn ich mein Ziel erreicht habe? Wie wird es mein Leben beeinflussen?

Bedenken Sie, dass auch die Menschen in Ihrer näheren Umgebung die Folgen, die das Erreichen Ihres Zieles haben wird, zu spüren bekommen. Welche Konsequenzen hat das für das Leben dieser Menschen?

Ein Beispiel: Stellen Sie sich vor, Sie wollten der Direktor eines großen Exportbetriebes werden. Der Wunsch ist positiv formuliert, das Ziel nicht abhängig von anderen. Das Ziel und der Weg dahin sind messbar. Wenn Sie Ihr Leben unter der Annahme betrachten, dass Sie bereits der Direktor sind, gelangen Sie vielleicht zu der Erkenntnis, dass Sie Überstunden machen, viel Zeit auf Versammlungen verwenden, immer fein angezogen und immer ein gutes Vorbild sein müssen, nur noch wenig Zeit haben, um mit den Menschen in der Fabrik zu sprechen, und so weiter. Die einen werden sagen: „Fantastisch!" (ökologisch passt das zu Ihrer Person), andere empfinden Beklemmung bei dieser Vorstellung (nicht ökologisch passend für Sie). Nachdem Sie die Ökologie Ihres Zieles eingehend geprüft haben, kann es vorkommen, dass Sie es schließlich enttäuscht abhaken.

Die folgenden beiden Fragen sind vor allem dann wichtig, wenn Ihr Ziel mehr idealistischer Natur ist oder wenn sich seine Verwirklichung über einen längeren Zeitraum hinziehen wird. Die Erfahrung lehrt, dass das Stellen dieser Fragen Ihnen helfen kann, das Ziel besser zu fokussieren.

9. Wenn Sie wissen, dass Sie nicht mehr scheitern können, was werden Sie dann tun?
10. Wenn Sie einen Zauberstab hätten, mit dem Sie alle äußeren Bedingungen „perfekt" machen könnten, was würden Sie dann erreichen wollen?

Beachten Sie: Sie können Ihrem Ziel so viele Elemente hinzufügen, wie Sie brauchen, damit es exakt beschrieben ist. Die letztendliche Zielsetzung kann dann beispielsweise so aussehen: „Ich will im Kontakt mit meinen Kollegen mehr meine eigene Meinung vertreten *und* ihre Gefühle berücksichtigen *und* ruhig bleiben, wenn jemand aggressiv wird."

Wenn Sie jemand anderem bei der Formulierung seiner Ziele behilflich sind, ist es nützlich, die gehörten Informationen widerzuspiegeln, beispielsweise: „Sie wollen in einem Jahr drei Monate Ferien in Indonesien machen? Habe ich das richtig verstanden?"

Wenn alle obenstehenden Fragen beantwortet sind, sollten Sie sich ein Ziel gesetzt haben, das die Voraussetzungen der richtigen Formulierung erfüllt. Nicht jedes Ziel, so wohlformuliert es auch sein mag, ist aber wirklich wert, erreicht zu werden.

Die folgenden vier Fragen helfen Ihnen, Ihr Ziel auf seine Durchführbarkeit hin zu überprüfen. Assoziieren Sie sich mit Ihrem Ziel, während Sie sich fragen:

1. Ist es möglich, das Ziel zu erreichen (in der Zeit, die ich zur Verfügung habe)?
2. Ist das Erreichen dieses Zieles der Mühe (Kosten, Zeit) wert?
3. Bringt es mir das, was ich wirklich will?
4. Lohnt es sich, es zu erreichen?

Wenn Sie alle vier Fragen überzeugend mit Ja beantwortet haben, ist Ihr Ziel in Ordnung und es lohnt sich, Energie dafür zu investieren.

Jeder von uns hat wohl schon einmal probiert, etwas zu verändern, und sich anschließend verwundert gefragt, warum es nicht glückte. Auch wenn es noch so einfach aussieht und wir unser Bestes geben, scheint es manchmal, als würde etwas in uns – worauf wir keinen Einfluss haben – uns daran hindern, unser Ziel zu erreichen. Und weil wir keinen Einfluss auf dieses „Etwas" haben, fühlen wir uns hilflos, machtlos und dumm.

Offenbar gibt es auf einer unbewussten Ebene Hindernisse, die dem Erreichen unserer Ziele auf scheinbar mysteriöse Weise im Weg stehen. Manchmal sind wir uns (vage) einer Art Stimme bewusst, die regelmäßig mit der entmutigenden Botschaft aus unserem Innersten hochkommt, dass es „doch nicht klappen" wird. Manche Menschen führen regelrechte Gespräche mit diesen Stimmen, aber meistens führen solche internen Dialoge eher zum inneren Streit als zu einer Veränderung.

Wir müssen Möglichkeiten finden, uns unsere unbewussten „Regungen des Herzens" bewusst zu machen, und wenn wir uns ihrer bewusst geworden sind, müssen wir uns natürlich auch fragen, was wir mit diesem Wissen anfangen wollen. Ohne pragmatischen Bezug hat der Prozess der Bewusstwerdung nämlich keinen Sinn. Was wir damit anfangen wollen, muss mit unserem Ziel zusammenhängen, mit dem erwünschten Zustand.

Gegenwärtiger Zustand + Kraftquelle = erwünschter Zustand

Der Unterschied zwischen dem gegenwärtigen und dem erwünschten Zustand wird bestimmt durch eine Kraftquelle, also durch das, was Sie dem gegenwärtigen Zustand hinzufügen können.

Eine Frau, die abnehmen wollte, berichtete: „Ich versuche schon seit längerer Zeit abzunehmen, aber die Pfunde wollen einfach nicht herunter." Damals hat sie nachgeforscht, ob alle Teilpersönlichkeiten mit dem Ziel, Gewicht zu verlieren, in Einklang waren, und es stellte sich heraus, dass eine Teilpersönlichkeit mit der Vorstellung abzunehmen gar nicht einverstanden war. Dieser Teil war der Ansicht, sie beschützen zu müssen, denn: „Wenn du zu attraktiv bist, findest du vielleicht einen neuen Partner und musst dein bequemes Leben aufgeben."

Teilpersönlichkeiten entstehen, um uns zu helfen, sie können aber auch ein Eigenleben führen. Wenn Sie beispielsweise als Kind festgestellt haben, dass Ihre Eltern Ihnen mehr Aufmerksamkeit schenken, wenn Sie einen frechen Ton anschlagen, ist es möglich, dass dieser innere „Frechdachs" Ihnen in allen möglichen Situationen – wo es eigentlich gar nicht nötig wäre – zu „Hilfe" eilt. Wenn Sie wollen, dass alle Teilpersönlichkeiten an Ihrer Zielsetzung mitarbeiten, können Sie sich selbst als Dirigent eines Orchesters vorstellen, in dem die verschiedenen Instrumente als Metaphern für die Teile Ihrer Persönlichkeit stehen. Es ist wichtig, dass alle Teilpersönlichkeiten (Instrumente) gut aufeinander abgestimmt sind, um ein gesundes Leben führen zu können. Dann können Sie in Harmonie mit sich selbst leben (Musik machen).

Indem wir respektvoll mit unseren Teilpersönlichkeiten kommunizieren, können wir ihre Überzeugungen und positiven Absichten verstehen lernen und von ihnen erfahren, dass sie uns manchmal mit Überzeugungen behindern, die in der Vergangenheit sinnvoll waren, auch wenn sie nun nicht länger von Nutzen sind. Wenn die Geige im Orchester immer nur dasselbe Lied spielt, weil sie denkt, dass es gespielt werden muss, sollte der Dirigent sie erst darauf hinweisen, dass der Rest des Orchesters ein anderes Musikstück spielt, und sie dann bitten, in diesem Stück mitzuspielen.

Es ist wichtig, dass wir unseren Teilpersönlichkeiten zuhören und sie uns, aber es ist ebenso wichtig, dass einander bekämpfende Teilpersönlichkeiten die Möglichkeit bekommen, sich gegenseitig zu verstehen. Wenn die Klarinette und die Pauke in einem Orchester nicht zusammen üben wollen, wird der Dirigent dafür sorgen müssen, dass sie ihre Meinungsverschiedenheit beilegen, was nur möglich ist, wenn beide die Argumente des jeweils anderen anhören und zu einem Kompromiss bereit sind.

Nun, da Sie über die Möglichkeiten verfügen, Ihr Ziel so deutlich wie möglich zu definieren, können Sie diese Mittel auf Ihr persönliches Gesundheitsziel anwenden. Bestimmte Beschwerden können Angst verursachen. Machen Sie sich bewusst, wie wichtig es ist, mit der eigenen Gesundheit zu arbeiten, voller Vertrauen und ohne Angst. Angst beschränkt die Möglichkeit des wirklichen Kontakts, und wirklicher Kontakt mit sich selbst ist notwendig für die Genesung. Angst behindert uns darin, uns verbunden zu fühlen. Wenn alle Menschen voller Verbundenheit und Vertrauen mit sich selbst, anderen Menschen, der Welt und dem Universum umgehen würden, könnte sich viel verändern.

Um das gewünschte Ziel (hier: Gesundheit) wirklich erreichen zu können, müssen sie es so deutlich wie möglich vor Augen haben. Notieren Sie Ihre Antworten auf folgende Fragen:

1. Was wollen Sie im Hinblick auf Ihre Gesundheit erreichen? Formulieren Sie die Antwort so spezifisch wie möglich, beschreiben Sie genau, was Sie wollen.
2. Was werden Sie erfahren, wenn Sie Ihr Ziel erreicht haben? Registrieren Sie alle sinnlichen Erfahrungen. Welche Bilder, Gefühle, Geräusche, Geschmäcker und Gerüche assoziieren Sie mit dem erwünschten Zustand?

3. Was tun Sie, um dieses Ziel zu erreichen? Was werden Sie dafür lernen oder tun müssen? Haben Sie Überzeugungen, die Sie beim Erreichen Ihres Zieles behindern werden?

4. Was bedeutet es für Sie, dieses Ziel zu erreichen? Und was bedeutet es auf längere Sicht? Stimmen alle Teilpersönlichkeiten in Ihnen den Konsequenzen zu, die sich aus dem Erreichen des Zieles ergeben werden?

5. Werden Sie sich bewusst, welche möglichen Konsequenzen das Erreichen Ihres Zieles für Ihre Umgebung haben wird. Erfahren Sie es mit den Augen der Menschen, die Ihnen wichtig sind. Wie können sie dadurch beeinflusst werden?

6. Wie können Sie mit Sicherheit feststellen, dass Sie auf dem richtigen Weg sind? Was erfahren Sie (ganz spezifisch)? Können Sie es selbst feststellen?

Wenn Sie wollen, können Sie von Ihrem Gesundheitsziel auch eine Zeichnung anfertigen. Bevor Sie damit anfangen, schließen Sie die Augen und nehmen sich Zeit, um Ihr Ziel zu visualisieren. Vielleicht überrascht Sie Ihr Unbewusstes mit einem Symbol.

Um Ihr Gesundheitsziel erreichen zu können, ist es auch notwendig, dass Sie alle folgenden Fragen mit einem überzeugten Ja beantworten können.

1. Ist mein Ziel attraktiv genug und damit der Mühe wert?

2. Ist es mir möglich, das Ziel zu erreichen?

3. Passt mein Ziel zu mir, ist es ökologisch vertretbar?

4. Verfüge ich über die Mittel (Eigenschaften), um das Ziel zu erreichen?

5. Bin ich zu hundert Prozent davon überzeugt, dass ich mein Ziel wert bin?

Wenn Sie eine dieser Fragen mit Nein beantworten müssen, sollten Sie erst Ihre Zweifel aus dem Weg räumen.

Sie können den obenstehenden Prozess auch auf der Zeitlinie durchlaufen. Werden Sie sich des Gesundheitszieles, das Sie erreichen wollen, bewusst.

Legen Sie eine Zeitlinie fest und markieren Sie Vergangenheit, Gegenwart, Zukunft und einen Ort für die erste Position (siehe oben). Stellen Sie sich nun dorthin, wo Sie die Gegenwart markiert haben, und beantworten Sie die Fragen 1 bis 5.

Sprechen Sie dann nacheinander die folgenden Überzeugungen aus (a bis e) und kreisen Sie eine der darunterstehenden Zahlen ein (1 = kein Vertrauen, 5 = vollstes Vertrauen), um anzugeben, wieviel Vertrauen Sie in jede dieser Überzeugungen haben.

a. Mein Gesundheitsziel ist wesentlich und der Mühe wert.
1 2 3 4 5

b. Es ist möglich, mein Gesundheitsziel zu erreichen.
1 2 3 4 5

c. Was ich tun muss, um das Ziel zu erreichen, passt zu mir und ist ökologisch.
1 2 3 4 5

d. Ich verfüge über die Möglichkeiten und die Eigenschaften, die notwendig sind, um das Ziel zu erreichen.
1 2 3 4 5

e. Ich bin hundertprozentig davon überzeugt, dass ich mein Ziel wert bin.
1 2 3 4 5

Tun Sie anschließend dasselbe aus der Zukunftsperspektive. Eine Punktsumme von 20 oder mehr deutet auf (mehr als) vollstes Vertrauen in das Unternehmen hin.

Während des Veränderungsprozesses ist es auch wichtig, dass wir uns der verschiedenen Reaktionen bewusst werden, die wir in unserem Körper spüren, wenn wir etwas gut oder schlecht gemacht haben. Wenn uns etwas glückt, entspannen sich unsere Muskeln; wenn etwas missglückt, bleibt unser Körper angespannt. Wir merken vielleicht, dass wir anders atmen, wenn etwas gut geht. Diese Information kann Ihnen helfen, Ihr Ziel zu erreichen. Wenn Sie entdecken, dass Ihnen bestimmte Dinge besser gelingen, wenn Sie ruhig atmen, können Sie beschließen, von nun an in schwierigen Situationen ruhiger zu atmen, damit Sie es leichter haben. Dasselbe gilt für Körperhaltung, Bewegungen und andere physiologische Submodalitäten.

Übung: Der Film Ihrer Zielsetzung

1. Visualisieren Sie sich selbst mit Ihrer Zielsetzung „wie in einem Film" und stellen Sie sich vor, dass Sie im Moment der Regisseur dieses Filmes sind.
2. Verändern Sie „im Film Ihrer Zielsetzung" die physiologischen Submodalitäten so lange, bis Sie hundertprozentig zufrieden mit der Physiologie der „Person auf der Leinwand" sind (das sind Sie in der Zukunft).
3. Treten Sie anschließend *in* den Film hinein, verbinden Sie sich damit (durch Assoziation) und erleben Sie diese Erfahrung möglichst intensiv. Werden Sie zu Ihrem Ziel. Verändern Sie, was verändert werden muss, bis Sie das Gefühl haben: „Nun erfahre ich ganz und gar, was ich erfahren wollte!" Dieses „gute Gefühl" (prüfen Sie, ob es mit dem zuvor von Ihnen bestimmten Ziel übereinstimmt) können Sie in Ihrem Körper als ökologisch vertretbar erfahren und verankern.

Das beste Ergebnis erreichen Sie, wenn Sie Ihrem Unbewussten mehrere Möglichkeiten anbieten, wie es diese Veränderungen zustande bringen kann. Denken Sie daran:
Eine Möglichkeit = keine Wahl.
Zwei Möglichkeiten = ein Dilemma (Zweifel).
Drei Möglichkeiten = eine wirkliche Auswahl.

Je größer die Auswahl, desto mehr Möglichkeiten gibt es.

11. DIE LOGISCHEN EBENEN

Im NLP unterscheiden wir sechs logische Ebenen, von welchen aus wir Dinge erfahren. Die individuelle Art und Weise, wie diese Ebenen ständig aufeinander einwirken, bestimmt unsere Art zu leben. Auch unsere Gesundheit wird durch unser Funktionieren auf diesen Ebenen bestimmt. Unsere Probleme, unsere Ziele und unsere Kommunikation können sich auf jeder dieser Ebenen abspielen. Wenn wir uns verändern wollen, müssen wir feststellen, auf welcher Ebene sich das Problem oder die gewünschte Veränderung abspielt. Die sechs logischen Ebenen sind:

1. Spiritualität, Visionen, Sinngebung
   Wovon bin ich ein Teil? Was macht mich aus?
2. Identität, Mission
   Wer bin ich? Was sind meine Ziele?
3. Überzeugung, Motivation, Werte
   Worum geht es? Wozu?
4. Fähigkeiten, Richtung
   Was kann ich? Wie?
5. Verhalten, Handlungen
   Was tue ich?
6. Umgebung, Reaktionen
   Worauf reagiere ich?
   In welchen Situationen, wann, mit wem?

Die Funktion einer jeden Ebene besteht darin, das, was eine Ebene tiefer liegt, zu organisieren. Wenn wir etwas auf einer tiefer gelegenen Ebene verändern, hat das *manchmal* Einfluss auf höhere Ebenen. Wenn wir jedoch etwas auf einer höheren Ebene verändern, sollte das *immer* auch Veränderungen auf den niedrigeren Ebenen bewirken.

Wenn Sie beispielsweise ein Problem auf der Ebene Umgebung haben, gehen Sie eine Ebene höher. Wer sagt: „Ich habe Schwierigkeiten mit meinen Kollegen" (Ebene 6), könnte sich zum Beispiel die Frage stellen: „Was tun sie denn und was tue ich?" (Ebene 5).

Damit Sie besser feststellen können, auf welcher Ebene ein Problem liegt, folgen hier ein paar Aussagen von Menschen mit einem Gesundheitsproblem von jeweils einer der fünf unteren Ebenen aus.

Aussagen einer Person, der die Diagnose Krebs gestellt wurde:
Identität: „Ich bin das Opfer von Krebs."
Überzeugung: „Ich muss dem Unvermeidlichen ins Auge sehen."
Fähigkeit: „Ich kann nicht gesund werden."
Spezifisches Verhalten: „Ich habe einen Tumor."
Umgebung: „Der Krebs ist mein Feind (greift mich an)."

Aussagen einer Person, die an ihrem Gesundheitsziel arbeitet:
Identität: „Ich bin gesund (ein gesunder Mensch)."
Überzeugung: „Weil ich gesund bin, kann ich anderen helfen."
Fähigkeit: „Ich weiß, wie ich meine Gesundheit beeinflussen kann."
Spezifisches Verhalten: „Meistens lebe ich ziemlich gesund."
Umgebung: „Durch diese Kur geht es mir wieder besser."

Aussagen einer Person, die ein Alkoholproblem hat:
Identität: „Ich bin Alkoholiker und werde es immer bleiben."

Überzeugung: „Ich muss trinken, um ruhig bleiben zu können."

Fähigkeit: „Ich bekomme das Problem nicht unter Kontrolle."

Spezifisches Verhalten: „Auf diesem Fest habe ich viel zu viel getrunken."

Umgebung: „Wenn ich mit Freunden zusammen bin, ist mir immer nach einem Gläschen zumute."

Wenn wir an unserer Gesundheit arbeiten, können wir die logischen Ebenen auf folgende Art und Weise gebrauchen:

1. *Spiritualität*

Diese Ebene, die über die Grenzen unseres Körpers und unseres Verstandes hinaus reicht, hat sich für Genesung, Gesundheit und Wohlbefinden als notwendig erwiesen. Spiritualität beruht auf einem tiefen Vertrauen, das es uns ermöglicht, Verbundenheit und Liebe zu erfahren, wie aus einer zentralen lebenspendenden und allumfassenden Kraftquelle.

2. *Identität* (Wer bin ich?)

Auf dieser Ebene können wir uns fragen: „Wer bin *ich*?" „Mit welchem Ziel bin *ich* hier?" „Warum *ich*?" oder „Warum passiert *mir* das?" „Wie sehen *mich* die anderen?" „Ist Heilung für *mich* möglich?" oder „*Ich* kann gesund werden."

3. *Überzeugungen* (Woran glaube ich?)

Unsere Überzeugungen (Werte, Normen) haben viel Einfluss auf das Erreichen oder Nichterreichen unseres (Gesundheits-)Zieles. Jeder von uns kennt die folgenden Beispiele: „Wenn ich Probleme habe, löse ich sie allein" oder „Ich muss tun, was der Arzt mir sagt." Was sind Ihre Überzeugungen im Hinblick auf Krankheit und Gesundheit?

4. *Fähigkeiten* (Wie tue ich etwas, wozu bin ich in der Lage?)

Auf dieser Ebene schmieden wir – von unserem Ziel aus gesehen – Pläne.

Wenn Sie gesund werden wollen, stellt sich die Frage, ob Sie dazu imstande sind und wie Sie das tun können. Wie bitten Sie um Hilfe? Wie formulieren Sie ein in sich geschlossenes Gesundheitsziel? Was benötigen Sie, um gesund zu werden, und haben Sie das zu Ihrer Verfügung?

5. *Verhalten* (Was tue ich?)

Unser Verhalten hat Auswirkungen auf unsere Gesundheit. Unter Zuhilfenahme von bewusstem Verhalten (Taten) können Sie (wieder) gesund werden und bleiben. Was ist zu tun? Was muss verändert werden?

6. *Umgebung* (Wo und wann bin ich?)

Unsere Umgebung ist für unsere Gesundheit außerordentlich wichtig. An manchen Orten fühlen wir uns zuhause, an anderen nicht. Eine bestimmte Umgebung (beispielsweise ein Krankenhaus) kann so viel Spannung verursachen, dass es allein deshalb schwierig ist, gesund zu werden. Machen Sie sich das bewusst.

12. SYMPTOME

Wir können lernen, unsere Unsicherheiten, Krisen und Krankheiten zu gebrauchen, um uns über Gefühle wie Angst, Furcht, Schuldgefühl und Unfrieden bewusst zu werden, die in uns „spielen". Diese Gefühle sind Energien, die unser Gleichgewicht stören.

Die Absicht einer Krankheit besteht darin, Kontakt mit uns herzustellen und uns aufmerksam zu machen, damit wir (wieder) ins Gleichgewicht kommen und unseren Energievorrat auffüllen können. (Siehe auch: Toussaint, J. D.: *Krankheit und Hoffnung ist Heilung;* Dethlefsen, T. und Dahlke, R.: *Krankheit als Weg;* Dahlke, R.: *Krankheit als Sprache der Seele;* Grof, S.: *Auf der Schwelle zum Leben.*)

Mit sich selbst in Kontakt zu treten ist nicht für jedermann gleich angenehm. Manche Menschen haben entschieden, dass sie nicht fühlen wollen, wieder andere haben an einem bestimmten Punkt ihres Lebens beschlossen, dass es besser ist, nichts zu fühlen. Der Körper aber reagiert jederzeit auf Ungleichgewichte, sowohl auf der emotionalen als auch auf der physiologischen Ebene. Unsere ersten (spontanen) Reaktionen machen dies deutlich: Wenn wir Angst haben, stockt uns der Atem und wir bekommen Herzklopfen. Wenn wir gerührt oder traurig sind, treten Tränen in unsere Augen. All diese Äußerungen sind Signale, über die unser System (Körper/Geist) zum Ausdruck bringt, was sich tief in uns abspielt.

Wenn wir näher darauf eingehen wollen, können wir uns fragen: Was sind Symptome? Was tun sie?

Ein Symptom ist ein Signal unseres Systems, das uns wissen lässt, dass etwas im Ungleichgewicht ist, dass wir irgendwelche Schwierigkeiten haben. Das braucht an sich kein Problem zu sein. Wenn „etwas" uns davon abhält zu tun, was wir eigentlich tun wollten, nehmen wir dieses Etwas als Problem wahr. Der einzige, der sagen kann, ob das wirklich der Fall ist, sind Sie selbst.

Wenn ein Symptom Sie nicht an der Lebensweise, die Sie pflegen, hindert, stellt es kein Problem für Sie dar, wohl aber vielleicht für jemand anderen (beispielsweise, wenn Sie ständig mit den Augen zwinkern).

Wie schon gesagt, gehen wir im NLP davon aus, dass alles, was geschieht, eine positive Absicht hat. Die positive Absicht von Krankheit kann beispielsweise der – oft unbewusste – Wunsch sein, die „Hektik und Hetzerei" zu unterbrechen. Wenn wir krank sind, finden (!) wir endlich die Zeit, uns auszuruhen oder ein Buch zu lesen. Krankheit kann dafür sorgen, dass wir uns über unser Leben Gedanken machen. Es ist seltsam genug, dass wir oft erst krank werden müssen, um etwas zu tun, worin wir Sinn sehen oder wonach wir ein Bedürfnis haben. Alle möglichen behindernden Überzeugungen halten uns normalerweise davon ab.

Wenn Sie von der Idee ausgehen, dass jede Krankheit der Ausdruck einer Absicht ist, können Sie sich vorstellen, was das Symptom Ihnen zu sagen, welche Botschaft es zu übermitteln hat. Wenn Sie von der positiven Absicht überzeugt sind, haben Sie nichts zu befürchten, sondern Sie können in sich hineinhorchen und auf sich wirken lassen, worum es geht, ohne dass Sie sofort in Verteidigungsstellung gehen.

Falls Sie merken, dass ein Teil von Ihnen doch noch davon überzeugt ist, dass Symptome die Aufgabe haben, Sie zu ärgern (und es scheint manchmal wirklich so zu sein), ist es wichtig, dass Sie erst diese Überzeugung verändern, bevor Sie mit der folgenden Übung beginnen.

In dieser Übung werden wir mit einem Symptom arbeiten. Da wir meistens negativ über Symptome denken und sie deshalb lieber nicht beachten, haben Symptome – in ihrer Funktion als Botschafter – oft ein Gefühl der Hilflosigkeit und Hoffnungslosigkeit. Und das verursacht Apathie.

Stellen Sie sich vor, dass Sie ein Symptom sind und immer wieder zu hören bekommen, dass Sie lästig sind, dass alles, was Sie tun, verkehrt ist, während Sie die ganze Zeit nur versuchen, etwas Positives zu tun. Wie würden Sie sich fühlen?

Ein Symptom existiert nicht um seiner selbst willen, sondern für uns. Es möchte nicht mehr und nicht weniger, als dass wir unsere Aufmerksamkeit auf uns selbst richten. Sobald wir (lernen), zu einem Symptom (zu) sagen: „Okay, du willst mir anscheinend deutlich machen, dass ich an etwas arbeiten muss", kann es verschwinden. Ein Symptom ist ein Botschafter mit einer wichtigen Nachricht: „Schenke mir so viel Aufmerksamkeit, dass ich dir deutlich machen kann, worum es geht. Anschließend brauche ich nicht mehr hier zu sein."

Um mit ihm kommunizieren zu können, bitten wir das Symptom, uns mit Hilfe eines Symbols zu zeigen, was zu sagen seine Absicht ist. Die Übung liefert verschiedene Gesichtspunkte. So entsteht aus verschiedenen Positionen Einsicht in das, was wichtig ist. Bleiben Sie neugierig, auch wenn Sie während der Übung mit Widerstand und Blockaden konfrontiert werden. Denken Sie sich: „Ich möchte alle Facetten kennenlernen und alles erfahren, was es zu erfahren gibt, um so viel Information wie möglich über meine Beschwerden, Sorgen oder Krankheit sammeln zu können." Um eine Veränderung durchführen zu können, ist diese Information notwendig. Denken Sie deshalb nicht: „Es klappt nicht mit diesem Symbol, das ist sowieso alles unsinnig", sondern seien Sie neugierig und fragen Sie sich: „Warum wählt mein Unbewusstes diese Ausdrucksweise, dieses Symbol?"

Beobachten und lauschen Sie mit Respekt. Respekt bedeutet hier: Seien Sie offen und akzeptieren Sie, was Ihnen angeboten wird. Versuchen Sie, zum Kern des Symbols vorzudringen, gehen Sie bis ganz in die Mitte, in dem Wissen, dass das Symptom mit einer Ihnen wohlgesonnenen Zielsetzung versucht, Ihnen etwas deutlich zu machen. Allein diese interessierte Haltung setzt, auch ohne dass wir bisher eine Botschaft gehört oder begriffen haben, eine Veränderung in Gang. In dem Moment, in dem wir die positive Energie zu schätzen lernen, stoßen wir unseren eigenen Gesundungsprozess an. Mit den Worten von Deepak Chopra: „Das bestmögliche Heilmittel sind Ihre eigenen Gedanken."

Gedanken fördern Einsicht. Ein Symptom kommt uns während unseres inneren Wachstums zu Hilfe. Alles, was wir lernen müssen, ergibt eine bestimmte Reibung (Veränderung von Energie). Wenn wir das begreifen, können wir unseren Körper auch schätzen, wenn er krank ist oder Schmerzen hat.

Übung: Mit einen Symptom kommunizieren

Wählen Sie ein Symptom aus. Suchen Sie sich für den Anfang ein kleines aus, zum Beispiel Kopfschmerzen. Setzen Sie sich ruhig hin, stellen Sie die Füße fest auf den Boden und holen Sie ein paarmal tief Luft, während Sie die Augen geschlossen halten.

1. Bitten Sie das Symptom, Ihnen ein Symbol zu schicken, das ausdrückt, was das Symptom beabsichtigt. Respektieren Sie, was zum Vorschein kommt.
2. Stellen Sie Fragen an das Symbol. Die Antworten helfen Ihnen, Einsicht in den Hintergrund des Symptoms zu gewinnen. Hier ein paar Beispiele für Fragen, die Sie stellen können:

   Ist das Symbol groß oder klein?

   Hat es eine (oder mehrere) Farbe(n)? Welche?

   Wie schwer oder leicht ist es, welche Form(en) und/ oder Struktur(en) hat es?

   Bewegt es sich, oder ist es statisch?

   Welche Gefühle stellen sich bei Ihnen ein, wenn Sie es sehen?

   Kann es sprechen? Wenn es keine Stimme hat, versuchen Sie, ihm eine Stimme zu verleihen. Wenn das Symbol schweigt, sagen Sie: „Schau her, ich gebe dir eine Stimme, weil ich gern mit dir kommunizieren möchte. Würdest du mir deutlich machen, was du für mich erreichen willst?" Wenn das Symbol keine Stimme annehmen möchte, fragen Sie sich, was das bedeuten könnte. Was ist die positive Absicht? Fragen Sie so lange, bis Sie die positive Absicht herausgefunden haben.
3. Stellen Sie sich nun vor, dass Sie über dem Symbol schweben.
4. Beobachten Sie die Interaktion zwischen sich und dem Symbol.
5. Erkennen Sie die positive Absicht und die Energie des Symbols.
6. Schweben Sie wieder nach unten, treten Sie in das Symbol ein und erfahren Sie nun aus dieser Position, wie Sie auf das Symbol reagieren. Wie fühlt sich das an?
7. Bedanken Sie sich bei dem Symptom, dass es über das Symbol mit Ihnen kommunizieren will.

Entdecken Sie alles, was es über das Symbol von allen drei Positionen aus zu wissen, zu erkennen, zu hören, zu sehen und zu fühlen gibt. Lassen Sie es so gut wie möglich zu sich durchdringen, damit Sie die positive Absicht dahinter erkennen können. Auch hier gilt: Je mehr Informationen, desto besser. Gehen Sie davon aus, dass Sie – da Sie nun wissen, wofür das Symptom da ist – Alternativen finden können. Zum Beispiel: „Nun, da ich weiß, dass ich Kopfweh habe, weil ich mir zu viel aufgebürdet habe, werde ich es in Zukunft ruhiger angehen lassen."

8. Gehen Sie dann, mit all dieser bewusst gemachten Information, zurück zu dem Symptom und fragen Sie sich:

Wie fühlt sich das Symptom nun an?

Gibt es etwas, das ich jetzt verändern will?

Nachdem Sie alle Information aufgenommen haben, können Sie sich entscheiden, das Symbol als ein Geschenk zu betrachten, das Sie in die Lage versetzt, bestimmte (notwendige) Veränderungen vorzunehmen.

13. DAS IMMUNSYSTEM

Wenn wir gesund sind, haben bestimmte Krankheiten wenig Einfluss auf uns, da unser Körper genügend Antikörper produziert. Man unterscheidet aktive und passive Immunität. Im Falle der aktiven Immunität werden die Antikörper vom Körper selbst produziert, als Reaktion auf einen langen natürlichen Prozess (oder künstlich, durch Impfung), um Infektionen zu bekämpfen. Passive Immunität entsteht, wenn ein Serum gespritzt wird, das die Antikörper enthält.

Wir merken nicht, wenn eine Krankheit in unseren Körper eindringt, abgesehen davon, dass wir auch nicht bewusst über die besten Verteidigungsmaßnahmen dagegen entscheiden können. All das wird in uns (für uns und durch uns) vom Immunsystem geregelt, das eine lebenswichtige Funktion in unserem Körper erfüllt und, ähnlich wie die Verdauung und das Atemholen, arbeitet, ohne dass wir uns dessen bewusst sind.

Das Immunsystem sorgt – auf Kommando unseres Gehirns – über bestimmte Organe und Zellen von selbst für einen dauerhaften Schutz gegen fremde Eindringlinge. Das Blut eines gesunden Menschen enthält fünf Millionen rote und siebentausend weiße Blutkörperchen pro Kubikmillimeter. Die weißen Blutkörperchen sind die wichtigsten Kämpfer des Immunsystems. Dieses „Heer" zirkuliert durch das Blut, um gefährliche Eindringlinge aufzuspüren, zu fangen und aus dem Weg zu räumen.

Die Abwehrzellen sind zu Anfang nicht spezialisiert, empfangen jedoch, sobald sie mit einem bestimmten

Antigen (einem krankheitserregenden Stoff) in Kontakt kommen, ihre spezifische Programmierung oder ihren Auftrag.

Einige Betazellen „reifen" zu Gedächtniszellen, die dafür sorgen, dass der Körper besonders schnell Abwehrstoffe gegen jene Antigene produziert, denen er immer wieder ausgesetzt ist. Die Gedächtsniszellen erkennen das Antigen sofort und wissen, was sie zu tun haben.

Interferon beispielsweise ist ein Eiweiß, das bei einer Virusinfektion von den Zellen produziert wird. Es bremst die Ausbreitung vieler Virusinfektionen und bildet die erste „Verteidigungslinie" gegen eindringende Viren.

T-Helferzellen sorgen für die richtige Dosierung der Abwehrreaktion, körpereigene Killerzellen töten fremde Zellen (die nicht zum eigenen Körper gehören) mit Hilfe eines zellabtötenden Giftstoffes (Cytotoxin).

In der Anfangsphase einer Infektion (Krankheit) greift eine erste Linie von weißen Blutkörperchen die eindringenden Bakterien am Herd der Infektion (zum Beispiel im Rachen) an und verschluckt sie, ihr folgt eine zweite Gruppe. Da die Zellen eine Menge Energie benötigen, um diese Streitkraft zu bilden, finden im Körper zahlreiche Veränderungen (chemische Reaktionen) statt, zum Beispiel ein mangelndes Hungergefühl, weil weniger Blut in Richtung der Verdauungsorgane geleitet wird; unsere Muskeln werden schwächer und wir können nicht mehr so gut denken, weil die Giftstoffe in unserem Blut eine Erhöhung unserer Körpertemperatur verursacht haben (Fieber). Wenn die Infektion unter Kontrolle gebracht ist, gehen die Zellen (Makrophagen) an ihren Platz zurück (in diesem Fall in das Lymphgewebe), in die „Kaserne", aus der sie kamen und wo sie für einen weiteren Auftrag bereit stehen.

Wenn wir schon diese Metapher für den Kampf benutzen, der sich in unserem Körper abspielt, um ihn im

Gleichgewicht zu halten, ist es besser, sich eine beschützende Verteidigungsarmee vorzustellen als ein kampfbereites Heer. Das gerade Gesagte gibt selbstverständlich nur einen oberflächlichen und unvollständigen Eindruck von den gigantischen Prozessen, die sich innerhalb unseres Immunsystems abspielen.

Vor kurzem durchgeführte Untersuchungen vergleichen die Arbeit des Immunsystems mit der des Gehirns. Genau wie das Gehirn ist dieses System imstande, neue Informationen aufzunehmen und Milliarden von „bits" intelligent zu ordnen. Es scheint selbst neue krankheitserregende Organismen erkennen und sich ihre Eigenschaften merken zu können. Chopra behauptet, dass das Gehirn und das Immunsystem sich nicht nur *gleichen*, sondern dass sie dasselbe *sind*. Er sagt: „Wir *sind* das Netzwerk."

In bestimmten Fällen richtet sich der Körper gegen sich selbst. Die Abwehrzellen greifen dann die Zellen und das Gewebe des eigenen Körpers an, den sie eigentlich beschützen sollten. Da sie dem eigenen Körper Schaden zufügen, spricht man in einem solchen Fall von Autoantigenen: Antikörper, die auf eigene Faust gegen Teile des Körpers rebellieren, wodurch das ganze Immunsystem in Verwirrung geraten kann.

Laut Dr. Weimer geht aus Untersuchungen hervor, dass aus dem Autoimmunsystem entstehende Krankheiten vor allem Menschen befallen, deren Abwehrsystem nur wenig aktiv ist. Chronischer Gelenkrheumatismus kommt beispielsweise dreißigmal häufiger bei Menschen mit dem Burton-Syndrom (zu wenig Abwehrstoffe) vor als beim Rest der Bevölkerung. Auch ist erwiesen, dass Krankheiten des Autoimmunsystems öfter bei Frauen als bei Männern auftreten und dass Menschen, die an dieser Krankheit leiden, dazu neigen, negative Gefühle wie Ärger und Entrüstung zu unterdrücken.

Das Abwehrsystem wird demzufolge von psychischen Prozessen beeinflusst. Bei psychischen Spannungen werden einflussreiche Hormone freigesetzt (zum Beispiel Adrenalin), die die Widerstandskraft herabsetzen.

Krankheiten des Autoimmunsystems kommen immer häufiger vor. Angenommene Ursachen dafür sind: Stress und ungelöste Konflikte, vor allem in bezug auf angelerntes Rollenverhalten (imprints).

Menschen, die sich selbst nicht offen äußern, die ihre negativen Gefühle in sich hineinfressen oder leugnen (Unterdrücker), und Menschen, die ständig vor sich selbst davonlaufen (Workaholics), geben sich im Grunde genommen Sterbeaufträge, die letztendlich eine selbstvernichtende Wirkung haben. Dahlke schreibt in seinem Buch *Krankheit als Sprache der Seele* : „Um zu erreichen, dass das Immunsystem so vollständig zusammenbricht, dass ein Tumor entstehen kann, ist eine äußerst tiefreichende Blockade nötig. Diese Situation entsteht, wenn wir uns einem wesentlichen Aspekt unseres Lebens nicht mehr offen stellen."

Nirgends arbeitet der Körper ohne den Geist. Der Zusammenhang zwischen psychischen Zuständen und der Arbeit des Immunsystems wird von Psychoneuro-Immunologen wie Dr. Cunningham untersucht, der Krankheit als „jede hartnäckige, schädliche Störung des Gleichgewichts" (1981) definiert.

Nach Cunningham ist es von größter Bedeutung, auf der sozialen, psychischen und körperlichen Ebene nach Verbindungen mit bestimmten Krankheiten zu suchen.

„Wir entwickeln", so sagt er, „nicht nur ein mentales Gedächtnis, sondern auch ein Gedächtnis des Abwehrsystems, dessen Reaktionen uns krank machen können, wenn wir uns nicht richtig verhalten. Wenn wir lernen, unseren Geist unter Kontrolle zu bekommen, kann dies zu subtilen hormonalen Veränderungen führen, die künftig Einfluss auf die biochemischen Prozesse in unserem Körper haben."

Nach Dr. Weimer kann Immunität – außer Unempfindlichkeit gegen Krankheiten – auch die Befreiung von Lasten bedeuten. „Wir können uns selbst", so schreibt er, „von dem Schreckgespenst der Sorge und der Angst befreien."

14. ALLERGIEN

Der Ausdruck „Allergie" ist aus dem Griechischen *allos* abgeleitet und bedeutet „Abweichung vom ursprünglichen Zustand". Dieser abweichende Zustand wird verursacht durch eine oder mehrere fremde (nicht körpereigene) Substanz(en), beispielsweise das Gift bestimmter Insekten, Pollen, die Heuschnupfen verursachen, oder bestimmte Nahrungsmittel (beispielsweise Erdbeeren), die Hautausschlag oder andere Beschwerden verursachen. Hyperaktive Kinder werden zum Beispiel auf Allergien gegen bestimmte Konservierungsstoffe hin untersucht, die eine mögliche Ursache für dieses Verhalten sein könnten.

Die heutige Definition von Allergie wird zusammengefasst als „erworbene, spezifische, veränderte Reaktionsweise". Erworben, da eine Allergie nur auftritt, nachdem man einer bestimmten Substanz ausgesetzt wurde. Spezifisch, da die Symptome – so unterschiedlich sie auch sind – immer das Resultat des Kontaktes mit einer bestimmten Substanz sind. Verändert, da die allergische Reaktion von der Art abweicht, wie die meisten Menschen auf diese – an sich unschädliche(n) – Substanz(en) reagieren.

Wir können gegen eine Allergie medizinisch behandelt (desensibilisiert) werden, aber es kommt auch vor, dass wir sie im Laufe der Jahre verlieren.

NLP behauptet, dass viele Allergien aus bestimmten Überzeugungen hervorgehen, die sich in unserem Immunsystem in dem Moment festgesetzt haben, als wir das erste Mal mit einem bestimmten Stoff in Berührung kamen.

Dies gilt vor allem in den Fällen, die Stoffe betreffen, die für die meisten Menschen vollkommen harmlos sind.

Wenn Sie viele schmerzhafte Bläschen auf den Lippen bekommen, nachdem Sie Salat gegessen haben, oder wenn Sie sich nach dem Genuss von Tee übergeben müssen, werden Sie Salat oder Tee einfach nicht mehr zu sich nehmen wollen. In dem Moment, in dem wir abweisend auf einen bestimmten Stoff oder ein Nahrungsmittel reagieren, geben wir unserem Immunsystem die Botschaft: „Das ist nicht gut für mich", „Das mag ich nicht" oder „Das kann ich nicht leiden."

Auch in Hinblick auf diese Botschaften besteht eine Tendenz zu generalisieren. Alles, was wie Salat oder Tee aussieht, ist von nun an ungeliebt und böse. Und so wird eine Allergie gegen „Sägespäne auf der Reitbahn" allmählich zu einer Allergie gegen Pferdehaare, Pferde, Katzenhaare, verschiedene Tierarten und so weiter.

Aus Untersuchungen geht hervor, dass bei Menschen, die schlafen oder geistesabwesend sind, eine unmittelbare Veränderung der allergischen Reaktion eintritt. „Es" arbeitet also neurologisch und physiologisch. Bei Menschen mit einer Multiplen Persönlichkeitsstörung (MPS) kann eine bestimmte Persönlichkeit allergisch sein, während die anderen Persönlichkeiten es nicht sind.

Es gibt ein Kind mit mehr als acht verschiedenen Persönlichkeiten, das jedesmal einen Anfall von Beklemmungsgefühlen bekommt, wenn es Milchsuppe isst. Wenn das Kind jedoch, noch während es diese allergische Reaktion zeigt, in eine andere Persönlichkeit wechselt, verschwindet das Beklemmungsgefühl.

In den fünfziger Jahren verglich Michael Levi, Immunologe und Genetiker und Träger des Preises der Weltgesundheitsorganisation WHO, eine Allergie mit einer Phobie des Immunsystems.

Wir können im Prinzip gegen alles und jedes allergisch sein: Stoffe, Samen, fliegende Teilchen, Gräser, Ungeziefer. Aber auch Stress kann eine allergische Reaktion verursachen. Dann hat sich zu viel Spannung im Körper aufgebaut, die sagt: „Da sitzt etwas in meinem System, das hinaus muss. Ich will es loshaben!" Stress kann sich zum Beispiel in Form von Ekzemen oder Psoriasis ausdrücken.

Die positive Absicht einer Allergie besteht darin, dass sie uns auf etwas aufmerksam macht, das sich in unserem Körper befindet und gegen das der Körper nicht ankommen kann. Es ist daher ökologisch gesehen nicht immer richtig, mit Medikamenten gegen eine Allergie anzukämpfen. Eine Allergie gegen Amalgam (ein ziemlich giftiger Stoff, der für Zahnfüllungen verwendet wird) ist ein deutliches Zeichen dafür, dass Sie den Stoff nicht vertragen. So ist es auch natürlich und äußerst sinnvoll, gegen Wespenstiche allergisch zu sein.

Abgesehen von allergischen Reaktionen zeigt unser Körper auch Verhaltensweisen, die unter die Bezeichnung Intoleranz fallen. Eine Intoleranz ist nicht dasselbe wie eine Allergie. Im Falle von Intoleranz warnt der Körper davor, eine bestimmte Substanz im Übermaß zu konsumieren, zum Beispiel Milch oder Kaffee. Eine Intoleranz ist eine Störung des biochemischen Gleichgewichts im Körper, eine Allergie ist eine Energiestörung.

Manchmal entwickeln Menschen (unbewusst) eine Allergie, um etwas nicht tun zu müssen, wie das Beispiel eines Klienten zeigt, der gegen Gras allergisch war. Jedes Jahr im Mai, wenn es ans Rasenmähen ging, hatte er schlechte Laune. Sein Geist schuf in seinem Körper die Antwort darauf. Vielleicht werden einige Hausfrauen, die allergisch gegen Staub sind, entdecken, dass sie in Wirklichkeit etwas gegen Hausarbeit haben.

Manche Menschen sind so allergisch, dass allein der Gedanke an „ihre" Allergie eine Anzahl allergischer Reaktionen hervorruft. Chopra behauptet, dass derartige Reaktionen im Gehirn entstehen und dass der Stoff (nach dem ersten Mal) gar nicht mehr vorhanden zu sein braucht, um eine allergische Reaktion auszulösen.

Dies alles impliziert, dass wir die Reaktion verändern können, indem wir die Botschaft verändern. Wenn wir eine Botschaft an das Immunsystem durchgeben können, die es veranlasst, die Schranken zu versetzen oder ein „Verbotsschild" zu erweitern, muss es nicht mehr gegen eine bestimmte Substanz in Widerstand geraten.

Eine Allergie entsteht oft dadurch, dass – unbewusst und zu Unrecht – zwei Dinge aneinander gekoppelt werden. Zum Beispiel: Eine unangenehme Situation und ein „verkehrter" Stoff verursachen zusammen eine emotionale allergische Reaktion. Manchmal wissen wir nicht genau, wogegen wir allergisch sind. Das muss natürlich erst mal festgestellt werden (mit Hilfe eines Allergietests).

Wenn Sie gegen einen bestimmten Stoff allergisch sind, so bedeutet das, dass dieser Stoff – als Sie das erste Mal mit ihm in Berührung kamen – von Ihrem Körper falsch „codiert" wurde. Nun geht es darum, diese „falsche Programmierung" ungeschehen zu machen und das System in seinen ursprünglichen Zustand zurückzuführen. Im NLP gehen wir davon aus, dass dies möglich ist.

Die beste Strategie, um eine reprogrammierende Botschaft zu steuern, besteht darin, die spezifische Substanz erneut dem Immunsystem zuzuführen. Wir fangen damit an, dass wir zunächst an eine Substanz denken, die der Substanz, auf die wir allergisch reagieren, ähnlich ist, zum Beispiel: Dampf anstelle von Rauch, Staub anstelle von Mehl und Milch anstelle von Kokosmilch.

Als Behandler sollte man darauf achten, dass sich die allergische Person selbst etwas ausdenkt, das für sie so gut wie möglich mit der Allergie übereinstimmt.

Es hat sich gezeigt, dass die folgende NLP-Übung, in der der Geist bewusst als Narr dargestellt wird, in 95 Prozent aller Fälle Erfolg hat.

Übung: Den Prozess umkehren

Arbeiten Sie mit einem Partner. (A ist der Allergiker, B der Helfer.) Diese Übung kann bei einer Allergie angewandt werden, aber auch in Situationen, in denen Sie gern besser mit etwas oder jemandem zurechtkommen wollen. Wir verwenden den Begriff „Allergie" ja auch oft im übertragenen Sinne. Wir sagen beispielsweise, dass wir „allergisch sind" gegen das Gehüstel eines Kollegen oder gegen die Arbeit oder gegen eine Nachbarin, die ihre Nase in alles steckt. In diesen Fällen bedeutet allergisch, dass wir etwas auf der emotionalen Ebene „nicht vertragen können".

1. Kalibrieren. B fragt A: „Was geschieht, wenn Sie in die Nähe dessen kommen, wogegen Sie allergisch sind? Wie atmen Sie, wie ist Ihre Haltung, wie Ihre Gesichtsfarbe?"
2. Machen Sie (als B) dem Immunsystem (von A) klar, dass es einen Fehler gemacht hat. Zeigen Sie ihm, dass es denkt, etwas sei gefährlich, obwohl andere Menschen beweisen, dass dies nicht notwendigerweise so ist.
3. Finden Sie heraus, ob es für dieses Phämomen eine verborgene Agenda oder einen ökologischen Grund gibt. Frage an A: „Wie würden Sie ohne diese Allergie leben? Gibt es positive oder negative Konsequenzen?"

Gebrauchen Sie alle Ihre Fähigkeiten, um dieses ökologische Problem zu lösen.

4. Finden Sie eine Substanz, die dem Allergen so ähnlich wie möglich ist, was Farbe, Geschmack und Aussehen angeht, auf die das Immunsystem aber anders reagiert. Das beste ist, wenn A selbst eine solche Substanz findet. Verankern Sie diese Reaktion des Immunsystems und halten Sie den Anker während des ganzen Prozesses fest. Achten Sie darauf, dass A assoziiert ist, wenn Sie den Anker setzen.

5. Lassen Sie A sich dissoziieren, indem er/sie beispielsweise hinter einer Glasscheibe Platz nimmt und hinter diesem Glas erfährt, wie das Immunsystem arbeitet, wenn es der Hilfssubstanz begegnet (halten Sie den Anker fest). Gebrauchen Sie unspezifische Ausdrücke, während das Immunsystem erfährt, wie es mit dieser Kraftquelle arbeiten kann.

6. Führen Sie nun langsam auch das Allergen ein, während A hinter der Glasscheibe bleibt. Geben Sie dem Immunsystem sämtliche Möglichkeiten, mit der Tatsache vertraut zu werden, dass es vollkommen sicher ist, diesen Stoff zuzulassen. Geben Sie dem System die Möglichkeit, die internen Auslöser auf „neutral" zu stellen.

7. Lassen Sie A sich wieder assoziieren, während Sie den Anker festhalten und das Allergen einführen.

8. Versetzen Sie sich in die Zukunft. Lassen Sie A eine künftige Situation durchleben, in der der Stoff, der die Allergie verursacht hat, eine Rolle spielt.

9. Testen Sie, wenn möglich, ob die betreffende Substanz noch immer eine allergische Reaktion hervorruft.

15. VERGEBUNG

Manchmal haben uns Menschen so verletzt, dass es schwierig ist, das Erlebnis loszulassen. Man stellt sich immer wieder vor, was der andere damals sagte und wie man selbst darauf reagierte, was der andere daraufhin tat und was man selber dann getan hat. Auf diese Weise bleibt die Energie an einer solchen Situation hängen, ohne dass sich irgend etwas ändert. Der Ausdruck „das macht mich krank", den wir in diesem Zusammenhang oft verwenden, kann im emotionalen oder im physischen Sinn gemeint sein.

Ein mexikanischer Indianerstamm ist davon überzeugt, dass – wenn man krank davon wird – das Ereignis (oder die Person) „Haken" in einem zurückgelassen hat. Je stärker man zieht, desto tiefer gräbt sich der Haken ins Fleisch und desto schmerzhafter wird es. Solange Sie dagegen ankämpfen und nicht loslassen, sind die Auswirkungen des Hakens schmerzlich fühlbar. Obwohl Sie es nicht wollen, bleiben Sie mit dem anderen verbunden. Und je kleiner – und verletzbarer – Sie damals waren, desto tiefer hat sich der Haken in Ihnen festgesetzt. Je enger die Beziehung, desto mehr Haken gibt es.

Die Haken können steckenbleiben und, ohne dass Sie selbst es merken, große, tiefe Wunden verursachen. Es kann sein, dass Sie verbittert werden, dass Sie von nun an mit Ihrem ganzen Leben unzufrieden sind, oder dass Sie sich hoffnungslos an die Vergangenheit klammern. Eine der besten Möglichkeiten, sich davon zu befreien, ist Vergebung.

Vielleicht denken Sie jetzt: „Das kann ich nicht, nein, ich vergebe dem anderen nicht!" Wenn Sie Vergebung jedoch als etwas sehen können, das Sie zurückgeben, (vergeben), von sich weg geben, ist sie eine wunderbare Möglichkeit, sich von „alten Wunden" zu befreien, die jegliches Weiterkommen verhindern.

Wenn Sie vergeben, sagen Sie eigentlich: „Ich gebe das, was ihr getan habt, an euch zurück, denn ich will nicht an dieser Stelle stehenbleiben."

Oft handelt es sich bei dem, was Sie vergeben möchten, um Schmerzen, die Ihnen jemand zugefügt hat. Sie sind nur für Ihre Reaktion darauf verantwortlich; was andere getan haben, fällt unter deren Verantwortung. Was sie damit tun, müssen die Betroffenen (Täter) selbst wissen. Das heißt nicht, dass Sie die Taten der anderen gutheißen müssen; bestimmte Verhaltensweisen kann man einfach nicht gutheißen. Sie können jedoch versuchen zu entdecken, was Sie dadurch gelernt haben.

Es mag sehr schwer sein, Menschen zu vergeben, die ein unmenschliches Verhalten an den Tag gelegt haben. Dennoch sollten Sie sich darüber klar werden, dass Sie selbst verbittert und unzufrieden werden, wenn Sie sich an Ihren Hass und an Ihre Wut klammern. In dem Moment jedoch, in dem Sie jemandem vergeben, verändern Sie etwas in sich selbst. Wenn Sie den anderen (mit all den Haken) loslassen können, wird eine Menge Energie in Ihnen freigesetzt. Indem Sie vergeben, tun Sie etwas für sich selbst.

Eines der schrecklichsten Vergehen an einem anderen Menchen ist Vergewaltigung oder sexueller Missbrauch. Ein solches Verhalten kann man nicht gutheißen. Solange die Tat jedoch in Ihren Gedanken anwesend ist, bleiben Sie der oder die Vergewaltigte oder Missbrauchte und können nichts daran ändern. Vergebung bedeutet auch hier, sich von dem anderen loszumachen. Indem Sie vergeben, entfernen Sie das Ereignis und denjenigen, der Ihnen etwas angetan hat. Es ist notwendig, zwischen dem Verhalten anderer und dem, was Ihnen durch dieses Verhalten angetan wurde, zu unterscheiden.

Wenn Sie unter einem Erlebnis leiden, das Sie nicht so leicht vergeben können, mag es sein, dass immer wieder Reaktionen wie „Wenn ich daran zurückdenke, wird mir schon wieder ganz anders" an die Oberfläche kommen. Die meisten Menschen erfahren dies als quälend.

Wenn Sie bei sich selbst auf eine solche Reaktion stoßen, können Sie sich entscheiden, daran zu arbeiten. Es ist dann wichtig, dahin zurückzugehen, wo Sie zum ersten Mal so reagiert haben, und auf diese Weise Klarheit zu bekommen: Warum hat X das damals getan, und warum haben Sie selbst auf diese Art und Weise reagiert? Das Sammeln von so vielen Informationen wie möglich ist auch hier wesentlich.

1. Begeben Sie sich angesichts traumatischer Ereignisse in die dritte Position und betrachten Sie das Ereignis durch eine Glasscheibe.
2. Stellen Sie fest, warum Sie damals so reagiert haben. Was haben andere Menschen gesagt oder getan? Betrachten Sie die Situation, in der dies alles stattfand, und so weiter.
3. Das Aufspüren der positiven Absicht ist in solchen Situationen oft außerordentlich schwierig. Wenn Sie früher zum Beispiel ständig geärgert wurden, können Sie sich wahrscheinlich kaum vorstellen, dass der, der Sie geärgert hat, dabei eine positive Absicht hatte. Die positive Absicht von Ärgern ist das (sadistische) Vergnügen und das Gefühl von Macht, das derjenige, der andere ärgert, dadurch erlebt. In solchen Situationen geht es immer um Macht: „Ich bin stark, du bist schwach."

Übung: Sich selbst vergeben

In dieser Übung lernen Sie, die Verantwortung für Ihre eigenen Reaktionen auf das Verhalten anderer zu übernehmen. Auf diese Weise können Sie Ihre eigene Lehre aus einer Situation ziehen. Sie können diese Übung sogar gebrauchen, um – auf der Zeitlinie – bestimmte Eindrücke „zu verschönern".

Benutzen Sie die Übung anfangs für kleine Ärgernisse, die schon eine ganze Weile in Ihnen festsitzen.

Sie werden erstaunt sein, wie viel Energie dadurch freigesetzt wird. *Achtung*: Dies kann eine intensive Übung sein.

Wenn Sie an einer Verletzung arbeiten wollen, die Sie schon recht lange mit sich herumtragen und die große Wunden hinterlassen hat, rate ich Ihnen, die Übung mit jemandem zu machen, der Ihnen vertraut ist und Ihnen aus dem Hintergrund eine „helfende Hand" reichen kann. Vergessen Sie nie: Sie können jederzeit wieder aus der Situation hinaustreten.

Denken Sie zu Anfang an eine Situation zurück, in der Sie imstande waren, jemandem etwas zu vergeben. Verwenden Sie diese Situation als Kraftquelle.

1. Assoziieren Sie sich mit einer Situation, aufgrund derer Sie immer noch böse auf jemanden (oder sich selbst) sind oder Ablehnung verspüren.

2. Sammeln Sie im dissoziierten Zustand Informationen. Stellen Sie sich vor, dass Sie eine Situation durch eine dicke, kugelsichere Glasscheibe betrachten und sehen, wie Sie damals von anderen schlimm verletzt wurden. Beobachten Sie, wie Sie reagiert oder nicht reagiert haben. Können Sie, vielleicht weil jemand anders etwas tut, nicht tun, was Sie wollen?

3. Finden Sie in dissoziiertem Zustand die positive Absicht und eine Kraftquelle. Beobachten Sie sich selbst und den anderen, während Sie die folgenden Fragen beantworten:

   a. Was ist die positive Absicht, die hinter dem Verhalten des anderen steckt, so furchtbar es auch war? (Die positive Absicht muss nicht Ihnen gelten. Es kann durchaus sein, dass der andere etwas für sich selbst aus der Situation ziehen wollte. So können Sie zwischen Verhalten und Absicht unterscheiden.) Was ist die positive Absicht hinter Ihrem Verhalten?

   b. Welche Beschwerden verursacht das Verhalten des anderen? Bleiben Sie hinter der Glasscheibe und suchen Sie nach Hilfestellungen.

   c. Welche inneren Kraftquellen hat er nötig? (Miterleben, Selbstwerterhöhung, Grenzen setzen, Empathie)

4. Ankern Sie die Kraftquelle. Bestimmen Sie einen Ort am Boden, um die Kraftquelle zu verankern. Finden Sie einen Zeitpunkt, zu dem Sie die Kraftquelle zur Verfügung haben. Projizieren Sie die Situation auf den Ort der Kraftquelle, treten Sie darauf und erfahren Sie, wie es ist, über die Kraftquelle zu verfügen. Testen Sie den Kraftquellenanker, indem Sie sich von dem Ort entfernen und sogar Ihre Gedanken auf etwas anderes konzentrieren, und treten Sie danach wieder auf denselben Platz zurück.

5. Geben Sie dem anderen die Kraftquelle. Stellen Sie sich auf den Ort der Kraftquelle, richten Sie die Kraftquelle in der Situation auf den anderen aus und sehen Sie, wie er sich aufgrund dessen anders verhält. Wie erscheint Ihnen der andere jetzt? Wenn es sich gut anfühlt, können Sie die Glasscheibe verschwinden lassen. Nicht in Ordnung? Finden Sie eine neue Kraftquelle und senden Sie sie aus.

6. Erfahren Sie die Situation als „der andere, der in Besitz einer Kraftquelle ist". Bleiben Sie am Ort der Kraftquelle stehen, lassen Sie die Situation auf sich zukommen und werden Sie der andere, der im Besitz der Kraftquelle ist. Kommunizieren Sie aus der Sicht des anderen mit sich selbst (verwenden Sie Ihren Namen) und machen Sie das neue Verhalten sichtbar und hörbar.

7. Erfahren Sie die Situation aus Ihrer eigenen Perspektive. Erfahren Sie, welche Auswirkungen das Verhalten des anderen auf Sie hat. Wenn Sie es vollständig erfahren haben, treten Sie aus der Situation heraus und verlassen den Ort der Kraftquelle.

8. Verankern Sie Vergebung. Bestimmen Sie nun einen Ort für die Erfahrung von Vergebung. Erinnern Sie sich an einen Moment, in dem Ihnen jemand vollkommen verziehen hat. Projizieren Sie diesen Moment auf den Ort der Vergebung, treten Sie hinein und erfahren Sie die Vergebung noch einmal. Probieren Sie die Verfügbarkeit von Vergebung aus, indem Sie sich auf den Ort zu- und wieder von ihm wegbewegen.

9. Vergeben. Stellen Sie sich auf den Ort der Vergebung. Sehen Sie den anderen und vergeben Sie ihm. Beobachten Sie, wie der andere bekommt, was wichtig für ihn ist, und sehen Sie, wie er dadurch glücklich wird, jetzt und in der Zukunft.

Wenn Sie entdecken, dass Sie selbst auch eine Kraftquelle benötigen, gehen Sie in die Situation zurück und geben Sie sich – hinter der Glasscheibe – eine Kraftquelle. Registrieren Sie, was sich dadurch zwischen Ihnen und dem anderen verändert. Nehmen Sie, wenn es sich gut anfühlt, die Glasscheibe weg, treten Sie in die Situation ein und erfahren Sie erneut, was geschehen ist, aber nun mit der Kraftquelle.

Es kann sein, dass Sie dem anderen nun endlich sagen, was Sie ihm schon so lange sagen wollten, aber nicht durften (beispielsweise mit Hilfe der Kraftquelle „Mut").

Es kann natürlich auch sein, dass Sie zutiefst beleidigt sind (weil Sie glauben, dass der andere Ihnen etwas angetan hat) und plötzlich entdecken, dass er es gar nicht so gemeint hat. Sie haben es nur falsch aufgefasst. Sie können so mit einem trotzigen oder arroganten Teil von sich selbst konfrontiert werden, der bislang verhindert hat, dass Sie dem anderen vergeben.

Indem wir vergeben, übernehmen wir die Verantwortung für unsere Reaktion auf ein bestimmtes Verhalten. Eine Möglichkeit zu erkennen, ob jemand die Verantwortung auch wirklich übernimmt, besteht darin, seinen Sprachgebrauch näher zu betrachten. Menschen, die in der Ichform über sich selbst sprechen, sprechen aus sich selbst heraus und identifizieren sich mit dem, was sie sind. Zum Beispiel: „Ich habe das getan, ich bin verantwortlich."

ANHANG

Jede kleine Zell in meim Körper ist fröhlich.
Jeder kleinen Zell' in meim Körper geht's gut.
(Wiederholung)

Ich bin so fröhlich, mir geht's so gut.
Denn jede kleine Zelle ist glücklich und frei!
(Wiederholung)

Mit diesem Lied (das Sie auch mit anderen im Kanon singen können) beginnen Sie Ihren Tag auf fröhliche Weise.
  Stellen Sie sich hin. Klatschen Sie in die Hände. Singen
Sie aus voller Kehle. Fühlen Sie: Singen ist gesund!
  Das Lied und die folgenden Visualisierungen stammen
von Robert Dilts. Sie können den Text der Visualisierungen auf Band aufnehmen, oder Sie bitten einen Freund
oder eine Freundin mit einer angenehmen Stimme, Ihnen
den Text langsam vorzulesen, während Sie die Übung
machen.

Übung: Der Heilungsprozess

1. Versetzen Sie sich in einen Zustand, in dem Sie sich mit der Quelle des Seins verbunden fühlen.

2. Visualisieren Sie sich in diesem Zustand als vollkommen gesund, körperlich zufrieden, mit angenehmen Gedanken, ganz ruhig, und genießen Sie Ihr wahres Selbst.

3. Richten Sie nun Ihre Gedanken auf das Symptom, das Sie untersuchen wollen. Werden Sie sich des Ortes in Ihrem Körper bewusst, an dem Sie das Symptom spüren, und erfahren Sie die Gefühle, die sich dabei einstellen.

4. Verstärken Sie diese Gefühle und lassen Sie sie von dem Ort in Ihren Körper in die geöffnete Fläche Ihrer linken Hand strömen. Sehen, hören und fühlen Sie, wie das Symptom in Ihre linke Hand strömt, vielleicht riechen Sie es sogar, bis Sie das Gefühl haben, dass alles, was zu dem Symptom gehört, aus Ihrem Körper in Ihre linke Hand strömt. Verwandeln Sie das Symptom in Ihrer linken Hand in ein Symbol. Sehen Sie es in Gedanken vor sich. Werden Sie sich dieser natürlichen Transformation bewusst. Werden Sie sich auch der Art bewusst, wie das Symptom sich Ihnen vorstellt.

5. Bedanken Sie sich bei dem Symptom dafür, dass es sich bekannt machen und mit Ihnen kommunizieren möchte. Fragen Sie es dann, was es erzählen möchte. Was ist sein Ziel? Was ist die positive Absicht hinter seiner Anwesenheit? Hören Sie ruhig und respektvoll auf die dahinterliegende Botschaft.

6. Bedanken Sie sich bei dem Symptom. Machen Sie sich bewusst, dass es sich die ganze Zeit der positiven Absicht seines Zieles verschrieben hatte.

7. Richten Sie Ihre Gedanken nun auf den Teil Ihrer selbst, der gesund sein will – Ihren inneren Heiler.

Werden Sie sich des Ortes in Ihrem Körper bewusst, wo dieser Heiler sitzt, und erfahren Sie die Gefühle, die sich einstellen.

8. Verstärken Sie diese Gefühle und lassen Sie alle Gefühle und Bilder, die dazugehören, von dem Ort in Ihrem Körper in die offene Fläche Ihrer rechten Hand strömen. Sehen, fühlen und hören Sie, wie alles von dem Ort in Ihrem Körper in Ihre rechte Hand strömt (vielleicht riechen Sie es sogar), bis alles, was zu Ihrem inneren Heiler gehört, aus Ihrem Körper in Ihre rechte Hand geströmt ist. Geben Sie Ihrem inneren Heiler nun die Form eines Symbols, so dass Sie ihn in Gedanken vor sich sehen können. Werden Sie sich sowohl dieser natürlichen Transformation als auch der Art bewusst, wie sich der Heiler Ihnen vorstellt.

9. Fragen Sie den Heiler, was die positive Absicht hinter seinem Ziel ist. Hören Sie ruhig und respektvoll auf die dahinterliegende Botschaft.

10. Bedanken Sie sich bei Ihrem inneren Heiler. Machen Sie sich bewusst, dass er sich die ganze Zeit der positiven Absicht seines Zieles verschrieben hatte.

11. Stellen Sie sich nun vor, dass das Symptom und der innere Heiler einander begegnen. Fragen Sie die beiden, ob sie aus ihrer eigenen Perspektive die positiven Absichten und Ziele des jeweils anderen erkennen können. Versichern Sie sich, dass beide Teilpersönlichkeiten ihre positiven Absichten erkennen und wertschätzen.

12. Machen Sie beiden Teilpersönlichkeiten deutlich, dass es wunderbar wäre, wenn sie auf eine neue und effektive Art zusammenarbeiten könnten.

13. Identifizieren Sie die Kraftquellen, über die jede der beiden Teilpersönlichkeiten verfügt, Kraftquellen, die das Erreichen der eigenen Ziele und das Zusammenarbeiten

(die gemeinschaftliche Mission) fördern können. Sorgen Sie dafür, dass die Teilpersönlichkeiten ihre Kraftquellen auf eine Art vereinen, die gewährleistet, dass sie ihren eigenen Zielen und dem gemeinsamen Ziel nützlich sein können.

14. Assoziieren Sie sich wieder mit dem Gefühl der Verbundenheit mit der Quelle des Seins. Stellen Sie sich vor, dass ein strahlendes Licht auf Sie herabscheint, das Ihnen bei Ihrem Prozess behilflich ist. Es kann auch sein, dass Sie es als klares Wasser erfahren, das reinigend durch Sie hindurchströmt, oder als Feuer, das alles in Ihnen sauberbrennt, oder als frischen Wind, der sanft durch Sie hindurchbläst. Bewegen Sie, während Sie dies erfahren, Ihre Hände langsam aufeinander zu. Beobachten Sie, wie sich Ihr Symptom und Ihr innerer Heiler vereinigen, wie sie transformiert werden und miteinander verschmelzen. Lassen Sie beide zusammen ein neues Bild formen, das die vollständige Integration symbolisiert.

15. Geleiten Sie das neue Symbol zu Ihrem Herzen, atmen Sie es ein, fühlen Sie sich damit verbunden.

16. Nehmen Sie das Gefühl, das Sie nun erfahren, mit in Ihre Vergangenheit, in die Zeit vor Ihrer Geburt. Erfahren Sie sich selbst mit diesem Gefühl im Bauch Ihrer Mutter und gehen Sie – mit dem Bewusstsein, dass Sie sowohl Samenzelle als auch Eizelle sind – in Gedanken noch weiter in der Zeit zurück zu Ihren Großeltern. Fühlen Sie, wie Sie anschließend in die Gegenwart zurückkommen, mit den Erfahrungen aus der fernen Vergangenheit. Fühlen Sie, wie Sie in Ihren Körper und in all Ihre Zellen zurückkehren, während Sie Ihr Leben bis zu diesem Moment bewusst erfahren.

Stellen Sie sich vor, wie es ist, vollständig geheilt zu sein, körperlich gänzlich zufrieden, mit angenehmen

Gedanken, vollkommen ruhig, und genießen Sie Ihr wahres Selbst. Projizieren Sie dieses Bild in die Zukunft, genießen Sie es und kommen Sie dann zurück ins Hier und Jetzt.

Übung: Liebesmeditation

Sie können die folgende Visualisierung auch für Reue und Vergebung verwenden.

1. Schließen Sie die Augen und denken Sie an jemanden, der Ihnen sehr viel bedeutet, der jedoch nicht immer bei Ihnen sein kann. Es kann jemand sein, der schon verstorben ist, aber auch jemand, den Sie eine ganze Weile nicht gesehen haben (jemand, den Sie vermissen).
2. Werden Sie sich Ihrer Gefühle für diesen Menschen bewusst und sehen Sie ihn/sie in Gedanken vor sich. Ist das Bild deutlich, schwach, weit weg oder ganz nah? Ist es lebendig? Sehen Sie Farben, wenn ja, welche? Was hören Sie?
3. Denken Sie nun an einen Freund oder einen Gegenstand, jemanden oder etwas von früher. Es kann ein Freund sein, mit dem Sie früher gespielt haben, oder ein Kuscheltier, das Ihnen viel bedeutet hat. Denken Sie ohne Gefühle von Verdruss oder Heimweh daran zurück. Denken Sie mit Wärme im Herzen daran zurück und werden Sie sich bewusst, dass Sie – obwohl Sie diese Person oder den Gegenstand nun nicht mehr bei sich haben – immer noch dessen Nähe fühlen können, wo Sie auch sind, und dass er/sie/es immer ein Teil von Ihnen sein wird.
4. Werden Sie sich bewusst, *wie* Sie die Person oder den Gegenstand, an den Sie nun zurückdenken, visualisieren

oder ihm/ihr innerlich zuhören, so dass Sie ihn/sie/es immer bei sich haben können, wenn Sie wollen.

5. Gehen Sie nun zurück zu Ihrer ersten Erinnerung an die Person/den Gegenstand und sorgen Sie dafür, dass diese Erinnerung an Intensität mit Ihrer heutigen Erinnerung übereinstimmt. Achten Sie auf den Ort, die Farbe, die Klarheit und alle übrigen Details, so dass die Bilder möglichst genau übereinstimmen.

6. Wenn Sie sich anschließend erlauben, diesen Erinnerungen einen Platz einzuräumen zwischen Ihren Werten und Überzeugungen, innerhalb Ihrer Identität, erinnern Sie sich gleichzeitig an einen Moment, in dem Sie reine, grenzenlose Liebe erfahren haben, die Art von Liebe, die weder nimmt noch gibt, sondern einfach *ist*.

7. Werden Sie sich bewusst, wo dieses Gefühl der Liebe herkommt. Kommt es tief aus Ihrem Inneren? Kommt es aus Ihrem Herzen, oder haben Sie eher das Gefühl, davon umschlossen zu werden?

8. Stellen Sie sich dieses Gefühl der Liebe zunächst als ein strahlendes Licht vor, das Sie immer heller werden und um sich herum leuchten lassen. Stellen Sie sich dann vor, dass Sie aus dem Licht eine strahlende Silberschnur gewinnen, die Sie, von Ihrem Herzen ausgehend, mit den Herzen aller verbinden können, die Ihnen viel bedeuten, wo immer sie auch sein mögen, wie weit weg und in welcher Zeit auch immer.

9. Erkennen Sie, dass die Schnur, die Sie mit vielen Menschen verbinden kann, niemals reißt und ein Licht aussendet, das niemals erlischt. Sie können auch erfahren, wie Sie, an diesem Ort, mit so vielen Schnüren verbunden sind, wie es Menschen um Sie gibt. Sie können sogar mit den Menschen verbunden sein, die Sie erst noch treffen werden.

10. Seien Sie sich bewusst – während das Licht der Schnur zu glühen beginnt, während es sich ausbreitet und den Raum um Sie erfüllt – dass dieses Licht mit seiner strahlenden Helligkeit das ganze Universum erfüllen kann.

11. Fühlen Sie sich selbst wieder in dem Raum, in dem Sie sich gerade befinden. Erfahren Sie, dass Sie diese Wärme, diese Liebe auch in sich selbst erfahren können. Machen Sie sich klar, dass dies sehr wichtig ist. Fühlen Sie, wie Ihr eigenes Herz in Ihnen schlägt.

12. Werden Sie sich bewusst, dass Sie ein komplettes, heiles Wesen sind. Machen Sie sich klar, dass Sie ein Individuum sind, mit einer eigenen Identität. Fühlen Sie Ihre Individualität, fühlen Sie, dass Sie einzigartig sind. Vielleicht spüren Sie auch, wie andere Menschen ihre Schnüre an Ihr Herz knüpfen, weil Sie ihnen sehr wichtig sind.

13. Kommen Sie ins Hier und Jetzt zurück. Fühlen Sie nur, dass Sie hier sind, nichts anderes. Gestehen Sie sich zu, diese Person, die Sie sind, so intensiv wie möglich zu erfahren. Fühlen Sie auch die Atmosphäre, das Licht und die Luft um sich her, die Luft, die Ihre Lungen füllt und Ihnen und Ihrem heilen Körper Sauerstoff und Leben spendet. Und werden Sie sich bewusst, dass die anderen Menschen, die vielleicht in Ihrer Nähe oder auch ganz woanders sind, andere Wesen, andere Individuen sind, die genauso einzigartig sind wie Sie. Und wenn Sie mit diesem Gedanken die Augen öffnen und das Licht wahrnehmen, das den Raum erfüllt, dann nehmen Sie das Wesen, das Sie sind, ganz und gar mit ins Hier und Jetzt.

GLOSSAR DER NLP-BEGRIFFE

Die folgende Liste ist so gut wie möglich auf die Terminologie der erhältlichen NLP-Literatur abgestimmt.

Ankern
Das Festlegen/Verankern einer bestimmten Antwort mit Worten und/oder nonverbalen Signalen.

Anker verschmelzen
Das gleichzeitige Aktivieren zweier (oder mehrerer) Anker, die in den meisten Fällen gegensätzliche oder in Konflikt stehende Informationen oder Verhaltensweisen beinhalten. Diese Technik hat einen neutralisierenden Effekt auf negative Erfahrungen. Ein Ausdruck, der dasselbe bedeutet, ist „integrieren".

Assoziiert
Das Verbundensein mit einer bestimmten Erfahrung oder einem Erlebnis; „mittendrin stehen".

Auditiv
Sich auf das Gehör beziehend.

Dissoziiert
Nicht direkt mit einer bestimmten Erfahrung oder einem Gefühlszustand verbunden sein, „von außen betrachten".

Flexibilität
Die Verfügbarkeit einer ganzen Reihe von verschiedenen Reaktionen auf alle möglichen Reize. Dies steht im Gegensatz zu der Gewohnheit, jedesmal gleich auf bestimmte Reize zu reagieren. Flexibilität schafft den Freiraum, um Gewohnheiten zu umgehen.

Gewünschte Erfahrung
Ein erwünschter Zustand des Erlebens, den wir uns als Ziel setzen. Im NLP definieren wir Ziele so, dass sie auf der Sinnesebene oder durch Körpersprache verifizierbar sind.

Gustatorisch
Auf den Geschmackssinn bezogen.

Inkongruenz
Den Kopf schütteln und Ja sagen. Meistens ist man sich des Konflikts zwischen bewussten und unbewussten Motiven und Äußerungen nicht bewusst. Zum Beispiel mag jemand meinen, ein bestimmtes Ziel erreichen zu müssen, das er unterbewusst überhaupt nicht erreichen möchte. Dann kommt es vermutlich zu einer Flut von Begründungen, Entschuldigungen und Erklärungen statt zu konkreten Ergebnissen. Inkongruenz und Kongruenz können wahrgenommen werden, indem man das Gesagte hört und dabei zugleich auf die Körpersprache des Betreffenden achtet.

Kalibrieren
Das Bestimmen und Festlegen des Verhältnisses zwischen extern und intern wahrnehmbaren Verhaltensweisen und inneren Erlebnissen. Jedes Individuum verfügt über sein eigenes Vokabular, sowohl der Körpersprache als auch der gesprochenen Sprache; jeder Mensch ist in dieser Hinsicht einzigartig. Kalibrieren ist eine gute Möglichkeit, jemanden wirklich kennenzulernen.

Kinästhetisch
Das Gefühl betreffend. Das Wort beinhaltet alle Gefühle (sowohl intern als auch extern), die mit Berührung, Bewegung, Emotionen, Instinkt und Intuition zu tun haben.

Kongruenz

Übereinstimmung zwischen dem, was jemand über eine bestimmte Sache denkt und sagt, und dem, was er durch seine Körpersprache ausdrückt. Ein Beispiel für Kongruenz: Ja sagen und dabei mit dem Kopf nicken. Der Ausdruck „Inkongruenz" bedeutet das Gegenteil, zum Beispiel nicken und dabei Nein sagen.

Körpersprache

Alle Formen nonverbaler Kommunikation, für die der Körper eingesetzt wird: Körperhaltung, Atmung, Stimme, Stimmlage und Modulation, Augenbewegungen, Gesichtsausdruck. Das Verstehen körpersprachlicher Signale hilft bei der Wahrnehmung und wenn es darum geht, sich über die Bedeutung von Verhaltensweisen klar zu werden.

Metapher

Das Ausdrücken eines Aspektes der Wirklichkeit auf eine verschlüsselte Art und Weise, wodurch die dahinterliegende Botschaft direkt auf der unbewussten Ebene aufgenommen werden kann.

Modalitäten

Die fünf Sinneskanäle. Im NLP spricht man von fünf sinnlichen Modalitäten: dem visuellen, dem auditiven, dem kinästhetischen, dem olfaktorischen und dem gustatorischen System (VAKOG).

Ökologie

Im allgemeinen das Verhältnis zwischen einem Organismus – zum Beispiel dem Menschen – und seiner Umgebung. Der Ausdruck „Ökologie" wird im NLP verwendet, um beispielsweise die Relation zwischen einem spezifischen Ziel und den Bedürfnissen der Gesamtheit einer betroffenen Person anzugeben.

Olfaktorisch

Den Geruchssinn betreffend.

Quellen (Kraftquellen)
Alle Eigenschaften, über die Menschen verfügen, um beispielsweise eine Situation aus einem anderen Blickwinkel zu betrachten (Humor, Kreativität, Durchhaltevermögen, Durchsetzungsfähigkeit).

Rapport
Mit jemand anderem in Verbindung stehen, gekennzeichnet durch gleichartigen Sprachgebrauch, Übereinstimmung in der Haltung, der Atmung und so weiter.

Submodalitäten
Eine feinere Unterscheidung der Modalitäten: sanft, hart, kalt, warm, rhythmisch, klar, schwach und so weiter.

Überzeugung
Eine generalisierte Auffassung von einer Person oder Situation. Eine Überzeugung beschreibt das Verhältnis zwischen einer „Erscheinung", ihrer Bedeutung und Ursache, und einem Kriterium.

Umformulieren (auch Neurahmen)
Die Neubeschreibung eines bestimmten Erlebnisses oder einer Überzeugung, wobei ein Aspekt in den Vordergrund tritt, der im Gegensatz zu dem steht, was anfänglich ausgedrückt wurde. Meistens geht es um das Umformulieren einer Überzeugung, die zunächst hemmend wirkt und dann Freiraum gibt, eine Veränderung vom Negativen ins Positive.

Verhalten modellieren
Eine Art, das erfolgreiche Verhalten eines anderen nachzuahmen und damit zu seinem eigenen zu machen.

Visuell
Den Gesichtssinn betreffend.

Vorwegnehmen der Zukunft

Das Vorstellen einer zukünftigen Situation. Dies versetzt Sie in die Lage, in der wirklichen Situation automatisch das Verhalten an den Tag zu legen, das Sie bereits in der Vorstellung erprobt haben.

WEITERFÜHRENDE LITERATUR

Bandler, R. und Grinder, J.: *Reframing. Ein ökologischer Ansatz in der Psychotherapie (NLP)*. Junfermann, Paderborn 1985

Blakeslee, T.: *Das rechte Gehirn. Das Unbewußte und seine schöpferischen Kräfte*, Aurum, Braunschweig, 4. Aufl. 1992

Caldwell, C.: *Hol dir deinen Körper zurück*. Aurum, Braunschweig 1997

Chopra, D.: *Die sieben geistigen Gesetze des Erfolges*. Heyne, München 1996

Dahlke, R.: *Krankheit als Sprache der Seele*. Bertelsmann, München 1992

Davidson, J.: *Das Geheimnis des Vakuums*. Silberschnur, Neuwied 1996

Dethlefsen, T. und Dahlke, R.: *Krankheit als Weg*. Bertelsmann, München 1983

Dilts, R.B., Halbomm, T. und Smith, S.: *Beliefs, Pathways to Health and Well-Being*. Metamorphous Press, Portland 1990

Dilts, R.B.: *Die Veränderung von Glaubenssystemen*. Junfermann, Paderborn 1993

Gawain. S.: *Gesund denken. Kreativ visualisieren*. Heyne, München 1994

Grof, S.: *Auf der Schwelle zum Leben*. Heyne, München 1988

James, T. und Woodsmall, W.: *Time Line. NLP-Konzepte zur Grundstruktur der Persönlichkeit*. Junfermann, Paderborn 1991

180

Jung, C. G.: *Gesammelte Werke 2: Archetypen und das Unbewusste.* Walter, Olten 1993

Jung, C. G.: *Der Mensch und seine Symbole.* Walter, Olten 1993

Kalweit, H.: *Die Welt der Schamanen. Traumzeit und innerer Raum.* O.W.Barth, München 1987

King, S.: *Ihr Körper glaubt, was Sie ihm sagen*, Aurum, Braunschweig, 3. Aufl. 1994

Klaus, H.: *Heilung und Selbstheilung durch Imagineering.* Goldmann, München 1990

Lawson-Wood, D. und J.: *Akupunktur und chinesische Massage.* Aurum, Freiburg 1977

Liekens, P.: Dann halten Sie die Fäden in der Hand. *Praktisches Arbeiten mit NLP.* Aurum, Braunschweig 1994

Markham, U.: *Visualisieren.* Aurum, Braunschweig 1993

Maslow, A.: *Psychologie des Seins.* Fischer, Frankfurt, 5. Aufl. 1994

Odajnyk, V.W.: *Gathering the Light.* Shambala, London 1993

Ovid: *Metamorphosen.* Goldmann, München 1991

Rossman, M.L.: *De genezende werking van de geest* (Die Heilkraft des Geistes). M&P, Weert 1988

Rushworth, C.: *Making a Difference in Cancer Care.* Souvenir Press, London 1994

Selye, H.: *Stress beherrscht unser Leben.* Heyne, München 1991

Siegel, B.: *Mit der Seele heilen.* Econ, Düsseldorf 1993

Simonton, C.S. und Mathews-Simonton, S.: *Auf dem Wege der Besserung.* Rowohlt, Reinbek 1995

Talbot, M.: *Das Holographische Universum.* Droemer, München 1995

Tompkins, P. und Bird, C.: *Das geheime Leben der Pflanzen.* Fischer, Frankfurt, 19. Aufl. 1995

Toussaint, J. D.: *Krankheit und Hoffnung ist Heilung.* Bauer, Freiburg 1976

Weimer, R.: *Weerstand tegen ziekten* (Wiederstand gegen Krankheiten). Kosmos, Utrecht 1987

Williams, T.: *Was das Qi zum Fließen bringt. Grundlagen und Methoden der Traditionellen Chinesischen Medizin.* Aurum, Braunschweig 1996

Zdenek, M.: *Der kreative Prozess. Die Entdeckung des rechten Gehirns.* Pls /Synchron Verlag, 1992